KB268821

일본어교사를 위한

# 학습분석과 디자인

－언어습득 과정의 시점에서 본 일본어교육

오카자키 히토미 • 오카자키 도시오 • 이케다 레이코 지음

김지선 옮김

어문학사

| 감사의 글 |

　본서는 일본어교육에 대해 함께 고심하면서 실천하는 장을 공유한 츠쿠바대학筑波大学 일본어·일본문화학류, 지역연구연구과, 문예·언어연구과, 동경외국어대학東京外国語大学 일본어학과, 이타바시板橋 중국귀국자 모임, 오차노미즈여자대학お茶の水女子大学 인간문화연구과 일본어교육코스의 모든 분들의 덕택으로 완성된 것입니다. 진심으로 감사의 말씀을 전합니다.

　본서를 간행하는 데 있어 성심으로 편집에 애써주신 아다치 쇼코足立章子 씨와 진력을 다해주신 범인사凡人社의 다나카 히사미츠田中久光 사장님께 진심으로 감사드립니다.

저 자


　본서의 번역을 쾌히 승낙하시고 오랜 기간 동안 지도·격려해주신 지도교수 오카자키 히토미岡崎眸교수님과 부군이신 오카자키 도시오岡崎敏雄교수님께 진심으로 감사의 말씀을 드립니다. 그리고 출판·편집을 위해 애써주신 도서출판 어문학사의 윤석전 사장님과 편집진의 수고와 정성에 감사의 뜻을 전합니다.

역 자

저자는 일본어교육에서 행해지는 학습을 언어습득의 관점에서 분석하고, 여기에 손질을 가해 효과적인 학습을 가능토록 설계한 새로운 디자인을 제시한다. 즉 언어습득과 이해·산출에 관한 연구성과를 교육현장에 적용하여 분석하고, 새롭게 디자인함으로써 보다 나은 학습 가능성을 타진하고자 한 것이다. 이러한 시도는 다년간의 경험이 있는 교사에게 자각 없이 반복적으로 행하는 지도방법이나 만성적인 교수태도를 성찰하는 기회를 제공하는 것이며, 나아가 이를 개선할 수 있는 방법을 모색하는 단서가 될 것이다. 한편 의욕은 있으나 이에 못 미치는 교수활동으로 고심하고 있을 새내기 교사에게는 암중모색의 해결책을 위한 실마리를 제공할 수 있으며, 이것이 향후 교사생활의 향방을 결정지을 계기가 될 수도 있다.

저자가 서장에서 교수법에 대한 인식 변화에 대해 언급하듯이, 언제 어디서 누구에게나 적용될 수 있는 절대적으로 유일한 교수법은 존재하지 않으며, 그것을 추구하는 일도 현실적이지 않다. 마찬가지로 저자가 제시한 학습분석과 디자인을 교실에서의 제반 여건과 학습자를 고려하지 않고 무비판적으로 수용하는 태도는 마땅히 지양되어야 할 것이다. 그런 의미에서 본서는 현행 일본어교육의 학습을 분석하고 새롭게 디자인할 필요성에 대해 역설하고 이를 위해 언어습득적 관점에 입각한 학습분석과 디자인의 실례를 든 것으로, 추측컨대 저자는 각 교사 고유의 학습분석과 디자인을 가능케 하는 자양분이 되기를 바란 것이 아닌가 싶다.

　본서는 주로 일본어교육에서의 학습분석과 디자인에 대해 다루고 있지만, 여타 외국어교육 및 외국어로서의 한국어교육 분야에서도 충분히 활용될 수 있다. 실제로 역자가 담당한 적이 있는 [외국어로서의 한국어교육] 관련 대학원 강좌에서 언어기능별 교육의 일환으로 다룬 적이 있다. 기능별 교육에 관한 원리나 기본적 지도방안의 이해가 중요하다는 것은 거론의 여지가 없으나, 본서를 통해 이를 토대로 혹은 응용하여 보다 효과적인 학습분석과 디자인이 가능하다는 것을 의식화 할 수 있었다고 생각한다. 뿐만 아니라 실제 교실 활동의 예를 들어 학습을 분석하고 디자인하는 과정 중에, 학습자에게 새로운 학습의 장을 제공하고 내성적 실천을 통한 교사 성장의 장을 경험할 수 있었으리라 여겨진다. 본서는 이와 같은 경험을 가능케 하는 구체적인 방법과 그에 대한 이론적 근거를 제시하는 지침서라고 볼 수 있다.

2009년 3월
역자 김지선

**서장**

# 일본어교육에서의 학습분석과 디자인

—언어습득 과정의 시점에서 본 일본어교육

## ┃ 본서의 구성 ┃

제1장부터 제3장까지는 언어습득 과정과 학습을 둘러싼 제반 연구 및 교육 현장에 대한 다양한 시사점을 제시한다. 제1장에서는 언어습득 연구(언어습득을 촉진하는 요인에 관한 연구)를 중심으로, 과제 달성을 위해 활동을 정교화하는 과정에서 언어습득이 촉진되는 제반 측면을 살핀다. 제2장에서는 읽기와 듣기의 이해 과정에 관한 연구를, 제3장에서는 쓰기와 말하기의 산출 과정에 관한 연구를 각각 정리하고, 교육 현장에 대한 시사점을 살핀다.

후반의 제4장에서는 전반의 세 장을 토대로 기존의 교재나 교실 활동을 대상으로 하여 그것들이 어떠한 학습을 유발시킬 가능성이 있는가를 분석하고(학습분석), 나아가 새롭게 디자인함으로써 어떠한 새로운 학습이 실현될 수 있는가(학습디자인)를 구체적으로 검토한다.

## ┃ 본서의 개요 및 의의 ┃

### 1. 학습분석과 디자인

본서에서는 일본어교육학의 시점에서 교실 활동 및 교재를 사용함으로써 행해지는 학습을 분석하고 디자인하는 것에 대해 생각해보고자 한다. 학습 중에서도 언어의 이해(듣기·읽기)와 산출(말하기·쓰기)의 두 과정에서 이루어지는 언어습득에 초점을 맞추어 분석하고(학습분석), 이를 근거로 한 디자인(학습디자인)을 제시한다.

학습디자인은 일본어교육학 중에서도 특히 습득·이해·산출 등 각 과정의 연구에 의해 밝혀진 사항을 바탕으로, 일본어교육에서 실현되고 있는 학습이 어떠한 새로운 가능성을 지니는가에 대해 생각하고자 한 것이다.

학습분석과 디자인은 일본어교육학의 한 영역을 차지한다. 이는 학습자·교사·지원자가 자신들이 만들어내는 학습이 어떠한 것인가를 생각하기 위한 실마리를 제공하는 것이다.

## 2. 일본어교육학의 2단계 구조 — 일본어교육학의 원리 구축과 원리 적용 —

일본어교육학이 일본어교육 실천에 유용하기 위해서는 그 성과를 실천과 연계시키기 위한 구조적 시스템이 필요하다. 교육의 장에는 다양한 학습자·교사·지원자가 존재하고 각각 속성과 요인이 다르며, 또한 교육·학습의 과정은 대단히 복잡하다. 따라서 교육에 관한 연구에서는 연구하고자 생각했던 것을 연구 과제로 삼아 가설 단계로 끌어올리는 스텝operationalize(조작가능화 스텝)에서 다면적인 것과의 관련성을 조금씩 점차적으로 규명해가는 수법을 취하는 기초연구가 많다. 본서는 이와 같은 기초연구에서 밝혀진 것을 어떻게 실천과 연계시킬 수 있는가에 대해 생각해 본 것이다.

이는 연구 성과가 좀처럼 교육 실천에 활용되지 않는다는 문제를 연구의 측면에서 구조적으로 해결해 나가기 위한 것으로, 일본어교육학에 다음의 두 단계를 설정하고자 한다. 즉 기초연구에 의해 원리를 구축하는 [원리 구축 단계]와 구축된 원리를 실천에 적용하는 [원리 적용 단계]이다. 지금까지는 연구 성과가 저절로 실천에 활용되는 것을 기다리고 있었다. 그러한 자연스러운 흐름을 촉진시키는 촉매로서 원리 적용 단계를 이론에 있어 불가결한 것으로 설정한다. 그 결과 가설의 설정·검증과 병행하여, 검증 결과의 적용 과정을 연구 대상으로 하는 [실천으로의 적용연구]가 행해질 수 있다. 본서에서 제시하는 학습분석과 디자인은 [실천으로의 적용연구]의 중핵이 되는 것이다.


### 3. 교수법에 대한 태도의 추이와 교수법의 성격 변화
－[교사를 이끄는 것]에서 [가변적인 원형prototype을 제공하는 것]으로－


일본어학습자의 다양화에 따라 일본어교육의 교수법이 여러 견지에서 검토되는 가운데, 어떠한 타입의 학습자에게도 효과적인 [절대적으로 유일한 교수법]의 추구는 현실적이지 않다고 여겨지게 되었다. 그 결과 다양한 교수법이나 교재가 조합되거나, 일정 교수법을 무비판적으로 받아들이는 것이 아니라 그 교수법이 어떤 언어교육관에 입각한 것인가를 생각하게 되었다.

이와 같은 흐름 속에서 여러 교수법을 무비판적으로 채용하는 태도에서 일정 거리를 두고 사용하고자 하는 태도로 변해 가는 추이를 관찰할 수 있다. 그 결과 교수법의 지시대로 가르치는 대신 학습자와 접하면서 실상을 일일이 관찰하고 각기 나름대로의 언어교육관을 형성해 가는 교사를 지향하게 되었다.

그러한 가운데 교수법의 성격도 [교사를 이끄는 것]에서 교사에게 [일본어교육에서의 인지나 판단·의사결정의 틀과 언어교육관의 가변적인 원형을 제공하는 것]으로 변화하고 있다.


### 4. 학습자의 에너지와 학습 자체로의 주목


일본어학습자가 다양해지는 추세에 맞춰, 교사 측에서는 다양화에 어떻게 대응해야 하는지 그리고 학습자의 에너지를 활용하여 어떻게 학습자 자신의 자율적인 학습능력을 육성할 것인지에 대해 생각하게 되었다.

그 결과 학습자의 에너지를 끌어내기 위해 일본어교육에서는 어떠한 학습의 장을 제공할 수 있는지, 즉 학습자가 경험하고 있는 학습은 어떤 것이며 그와 같은 학습은 어떤 또 다른 가능성을 지니고 있는지에 대해서도 고려하게 되었다.

## 5. 일본어교육의 장에서 실현되는 학습−[예측 구조]−

[지금 이곳에서 어떠한 학습이 실현되고 있는가?]−교사는 매 수업 중에 학습자와 접하면서 이와 같이 자문하며 수업에 임한다. 그리고 학습자를 관찰함으로써 답을 얻는다. 위와 같은 경우에서의 관찰이란, 이런 타입의 교재를 사용해서 이런 타입의 학습자에게 이런 방법으로 가르친다면 이런 학습의 성과를 얻을 수 있을 것이라고 하는 [예측 구조]를 통해 이루어진다.

[예측 구조]는 언어학습관과 언어교육관에 의해 형성된다. 교사는 자신이 교사가 되기까지 받아온 언어학습 경험(예를 들어 일본인 일본어교사라면 영어학습 경험, 외국인 일본어교사라면 일본어학습 경험)을 통해 언어학습관−언어학습이란 이런 것이다, 이렇게 학습하면 이런 효과가 있다−의 원형이 형성된다.

현직자로서 실제로 가르치면서 학습자를 관찰하는 경험을 통해 이러한 언어학습관·언어교육관의 원형이 점차 성장하여 매 수업을 관찰하기 위한 [예측 구조]가 형성되는 것이다.

## 6. 학습 가능성−물음의 전환 : 학습 정도에서 학습 종류로−

교수법에 대해 어느 정도의 거리를 두기 이전까지는 실습이나 현직자 연수를 통해 배운 교수법 고유의 언어학습관과 언어교육관이 [예측 구조]

에 상당한 영향을 미치고 있었다. 그때는 [어떠한 학습이 실현되고 있는 가?]라는 물음도 일정 교수법의 영향을 강하게 받고 있었으며, 이는 [교수 법이 요구하는 목표에서 보아 현재의 학습이 어느 정도 실현되고 있는 가?]를 의미하였다. 이 경우 학습의 종류를 묻는 것이 아니라 [정해진 종 류의 학습이 어느 정도]라는 식의 학습 정도를 물었던 것이다.

그러나 점차 교수법에 대한 태도가 변화되면서 교수법의 틀을 선택·이용 하면서도 틀 이외의 학습을 포함한, 학습의 질(어떤 질의 학습인가)을 물을 수 있게 되었다. 이와 같이 교수법의 틀 아래에 정해져 있던 학습의 범위 가 개방되어 다양한 질의 학습의 장을 제공할 수 있게 되었다.

### 7. 학습분석과 디자인
#### ─ 일상적 교실 활동 중에 어떤 학습이 가능할지를 생각하는 실마리 ─

그렇다면 교사는 어떻게 학습자에게 다양한 학습의 장을 제공할 수 있 는 것일까? 본서에서는 일상적 교실 활동을 예로 들어 이떤 학습이 실현 되고 있는가를 살피고, 아울러 어떤 새로운 학습이 가능한지를 모색하는 실마리로서 학습분석과 디자인에 대해 논하고자 한다.

### 8. 언어교육의 연구 성과는 일종의 자원

일본어학습자가 확대되고 다양해짐에 따라 교육실천 장에서의 개선과 병행하여, 일본어교육학을 중심으로 한 언어교육 연구도 착실한 진전을 보이고 있다. 학습 가능성을 고려함에 있어서 언어교육 연구는 어떤 역할 을 수행할 수 있을까?

본서에서는 개별적 교실 활동을 [여러 영역의 다양한 타입의 학습이 실 현 되어 가는 과정]으로 보고, 축적된 연구 성과를 자원resource으로 간주하여 그 과정에서 어떤 학습이 실현되고 있는지, 어떻게 바꾸면 학습자에게 보다 다양한 학습의 장을 제공할 수 있는지를 모색한다.

언어교육의 연구 성과는 교사 개개인의 언어교육관이라는 여과장치 filter를 통해, 교사 자신이 대하는 학습자를 대상으로 교재·교실 활동을 분석하고 새롭게 디자인하기 위한 자원이 된다. 이는 교수법을 대신해 연구 성과를 추종하기 위한 것이 아니라, 다음의 9에서 논하는 바와 같이 교사 개개인에게 있어 각기 고유의 의미를 갖는 것으로 생각할 수 있다.

## 9. 언어교육의 연구 성과가 내성적 실천에 기여하는 방식
### —[교사가 만들어가는 의미] 안에 살아나는 연구 성과—

교수법에 대해 어느 정도의 거리를 두게 되고, 자기연수형 교사를 추구하게 되면서 내성적內省的 실천이라는 사고방식이 거론되고 있다. 내성적 실천이란, 교사가 자신이나 다른 교사의 교수 과정을 관찰하고 회고함으로써 자신들의 교실에서 전개되는 고도로 복잡한 교수·학습 과정을 여러 각도에서 이해하고 개선해 나가고자 하는 실천을 말한다.

내성의 과정은 교사 개인이 교수 활동 중에 나타나는 하나하나의 사항에 관해 교사 나름의 [의미를 만들어 가는 과정](이 사항은 이런 의미를 가지는 것이라는 생각을 형성해 가는 과정)이다. 이 과정에서는 가르치는 기술 혹은 언어교육 연구에 관한 정보나 지식이 있는 그대로 흡수되지 않는다. 교사가 지금까지 축적해 온 경험은 소중한 것이며, 경험과 무관하게 정보나 지식이 도입되지는 않는다. 이러한 경험에 비추어 새로운 정보나 지식이 재수용되는 것이다. 그 과정에서 새로운 정보나 지식은 교사의 사고의 틀 안에 자리 잡게 되고 각 교사 나름의 의미가 형성된다.

통상적으로 언어교육 연구는 수많은 교육 현장, 교사, 학습자에게 공통되는 일반적인 진리를 규명하고자 한다. 이에 반해 그러한 연구 성과에 관한 정보나 지식은, 내성에 의해 받아들이는 교사 개개인에 따라 상이한 의미를 지닌 것으로 재창조되는 것이다.

## 10. 교사 개개인의 내성적 실천의 장으로서의 학습분석과 디자인

이와 같은 내성의 과정에 있어서의 의미구축은 교사 각자의 경험에 비추어 새로운 정보를 다시 받아들이는 것이며, 이는 각 교사 고유의 과정인 것이다. 본서에서 제시하는 학습분석과 디자인은, 교사가 그와 같은 내성적 실천을 해나가기 위한 하나의 장을 제공하는 것이다. 그러한 것들이 모든 교사나 학습자에게 바람직한 것으로 제시되는 것은 아니다. 여기에 제시된 것을 바탕으로, 교사가 자신의 경험에 비추어 자신이 대하게 될 학습자를 대상으로 고유한 분석과 고유한 디자인을 진행시키기 위한 토대를 마련하고자 하는 것이다.

## 11. 일본어교육학과 일본어교육 실천
### ─양자의 상호교류의 장으로서의 학습분석과 디자인─

일본어교육학 연구는 언어학, 영어교육학, 인지과학, 심리학, 사회학을 비롯한 제반 학문의 성과에 힘입어 진보하고 있다. 한편 일본어교육 실천은 시대 변천에 따라 변화하는 사회적 요청에 부응하며 성장하고 있다.

일본어교육학과 일본어교육 실천의 각각의 흐름은 서서히 교차하고 있다. 실천에서의 문제는 다면성을 띤다. 이것을 연구 대상으로서 조작가능화operationalize하기 위해서는 끈기 있는 시행착오가 필요하다. 또 한편으로 연구 성과가 자원으로서 충분히 활용되기 위해서는 많은 시간이 요구된다.

　학습분석과 학습디자인은 일본어교육학의 성과가 일본어교육 실천에 활용되고, 실천상의 문제가 연구 대상으로서 일본어교육학에서 다루어지도록 하기 위한 장을 창출하는 것을 목표로 한다. 이는 일본어학습에 관련된 학습자·지원자·교사·연구자의 상호교류를 위한 장이기도 하다.

# 제1장

# 제2언어 습득 연구와 언어교육

## 1. 언어습득 — 제1언어 습득과 제2언어 습득

과제 ■ 태어나서 가장 먼저 이루어지는 제1언어 습득과, 제1언어 습득
에 이어 행해지는 제2언어 습득은 같은 과정이라고 보는 것이 좋
은가 아니면 다른 과정이라고 보는 것이 좋은가 생각해 보자.

### (1) 유아의 제1언어 습득

유아의 제1언어 습득은 다음과 같은 과정을 거쳐 진행된다.

유아의 경우 자신의 힘으로는 욕구를 충족시킬 수 없기 때문에 항상
주위의 누군가를 필요로 한다. 즉 타인에게 자신의 의사를 전달하지 않으
면 안 될 상황에 처해 있는 것이다. 대부분의 경우 그들의 의사를 적극적
으로 수용하는 보호자가 주위에 있다. 그 의사가 받아들여져 유아의 욕구
가 채워지는 과정에는 늘 모종의 말이 개입된다. 부모는 아기를 향해 마
치 그들이 말을 알아듣기라도 하는 듯 말을 걸곤 한다.

유아는 한 살, 두 살 성장하면서 몸짓으로 주위의 메시지에 대한 이해
를 나타냄과 동시에 점차 말에 의한 의사소통을 본격적으로 행한다. 세
살을 전후하여 (어른에 의한) 말 대 (유아에 의한) 동작이 말 대 말의 의
사소통으로 전환된다. 그리고 다섯 살쯤 되면 모어화자로서 어느 정도 자
유롭게 말할 수 있게 되고, 아울러 읽기와 쓰기가 더해지게 된다.

유아가 언어습득의 모형으로 삼고 있는 것은 쓰여 있는 문어(글말)가
아니라 주위 사람들이 하는 구어(입말)이다. 구어는 문어에 비해 문장 구
조나 문장 구성상의 어휘에 있어 단순하다. 대부분의 경우 구나 절이 단
순히 나열되며 문어와 같은 완결된 문장을 이루지도 않는다. 또한 일본어
에서는 「これ読んだ？(이것 읽었니?)」와 같이 조사「を(을/를)」를 생략
하는 등 문어에서 보이는 정확성을 띠지 않는 발화도 다수 존재한다.

그리고 유아가 틀린(정확하게는 어른과 상이하다는 의미로) 말을 했다고 할지라도 직접적으로 정정되는 일은 거의 없다. 전하고자 하는 내용에 오류가 있을 때에는 정정되지만, 말하는 방식 자체에 대한 직접적인 정정은 그다지 행해지지 않는다. 양적으로는 제한되고 구조적으로는 구어 특유의 느슨한 언어자료(입력)를 모형으로 하며 틀리게 말해도 그다지 정정되지 않지만, 유아가 제1언어 습득에 실패하는 일은 거의 없다.

한편 습득 도중에 있는 유아의 발화에는 틀린 곳이 많다. 예를 들면 다음과 같은 예 등은 신변에서 자주 듣지만, 어른의 말에는 없는 유아 특유의 말이다(이하는 저자 자녀의 예).

1　a. 大家のおばちゃんの自転車でスーパーに行く。

　　b. 大家＿おばちゃん＿自転車＿スーパー＿行く。（1才5か月）

2　a. 買うべきじゃなかった。

　　b. 買わないべきだった。（4才0か月）

3　(自宅の窓からいつもと髪型の違うとなりの家のおばさんを見て、)

　　a. おばちゃん、パーマをかけたみたいよ。

　　b. おばちゃん、パーマをかけたらしいよ。（7才4か月）

4　(少しばかり残ったおふろの残り水を見ながら；圭君は赤ちゃん)

　　a. でも、圭君にとっては深いよね。

　　b. でも、圭君にしては深いよね。（7才6か月）

위의 예에서 b의 밑줄 친 부분과 같은 종류의 발화는 어른의 말에서는 나타나지 않는다. 유아는 어른의 말에서 나타나지 않는, 즉 들어 봤을 리 없는 발화를 하면서 게다가 그 잘못된 것을 직접적으로 지적당하거나 고쳐지지 않아도 어느 틈엔가 그러한 발화를 자기 스스로 정정해 간다.

언어가 외부로부터 주어진 자극(입력)에 대한 반응(학습)만으로 습득된다고 하는 행동주의 심리학의 견지에서는, 제한되어 있을 뿐만 아니라 불

충분하기까지 한 자극으로 충분한 언어습득이 가능하다고 하는 사실을 설명하기 어렵다. 또한 위의 예 b에서 보는 바와 같이 자극(어른의 말)에는 존재하지 않는 반응(아이 고유의 발화)이 있다는 사실도 설명할 수 없다.

한편 언어가 인간에게 있어 생득生得적인 것이라고 여기는 인지주의 심리학의 견지에서는, 언어를 인간이라는 종種이 지니고 태어나는 선천적인 것이라고 생각한다. 이러한 입장에서 본다면 외부로부터의 자극의 양이나 질은 기본적으로 습득과 무관하다. 그러나 여기에는 다음과 같은 문제가 있다. 첫째, 유아의 언어 발달 속도는 명백히 외부로부터의 자극의 양이나 질과 상관이 있다는 것이다. 늑대에게 양육된 소녀의 예를 들 것도 없이, 가령 청각에 장애가 있는 부모의 자녀는 언어습득의 속도가 늦다는 보고를 통해서도 알 수 있다. 이는 듣는 자극이 양적으로 한정되어 있기 때문일 것이다. 둘째, 오류의 존재를 설명할 수 없다는 문제이다. 언어를 생득적인 것으로 본다면 애초부터 완전할 수 있지 않겠느냐는 것이다.

이렇게 생각한다면 생득 혹은 환경과 같이 이항대립적인 문제제기보다는 양쪽 다 유아의 제1언어 습득에 관련되어 있다고 하는 편이 타당할 것이다. 생득설의 논거가 되는 [빈곤한 자극poverty of stimulus]이나 [부정적 증거negative evidence가 주어지지 않는 점]에 관해서는 최근 재검토의 움직임도 있다. 예를 들어 전자에 대해서는, 유아 주위에 있는 어른의 발화를 세밀히 관찰해 보면 극히 드물기는 하나 상당히 복잡한 구문을 사용한 발화가 있다고 한다(Snow, 1994). 또한 [부정적 증거]에 관해서도 유아가 어른의 문법에 없는 발화를 했을 경우, 어른이 그것을 직접적으로 부정하거나 정정하지는 않더라도 되묻거나 바꾸어 말하는 식으로 암시적으로 부정적 증거를 주곤 한다는 것이다(Tomasello, 1995).

따라서 유아의 언어습득을 둘러싼 논의에서 필요한 것은, [실제로 유아가 어떻게 언어를 습득해 가는지 부모나 타인과의 관계, 문화적 환경, 자연 환경, 언어 이외의 인지능력, 비언어 의사소통 능력non-linguistic communication 등 관련이 있어 보이는 모든 점에 유의해서 자료를 수집하고 귀납적으로 추론해 가는 것](小林, 1997:34)이라 할 수 있을 것이다.

## (2) 제2언어 습득

이상 제1언어 습득에 대해 살펴보았는데, 그렇다면 제2언어 습득은 어떠할까? 제2언어 습득이 제1언어 습득과 크게 다른 점은, 제2언어에 접촉할 기회가 적은지 많은지 등 그 사람이 갖추고 있는 학습 조건이나 성격, 학습 스타일 등에 따라 습득의 결과가 판이하다는 것이다. 모어화자 수준의 언어능력을 획득하는 경우도 없지는 않지만, 다수는 중도에서 정체되어 더 이상 능력이 신장되지 않는 이른바 화석화fossilization라는 상황에 직면한다.

제2언어 습득자의 대부분은 제1언어 습득과 달리 제2언어와의 접촉개시 연령이 높고, 이미 의사소통에 유효한 수단(모어)을 지니며 인지적으로도 일정한 틀을 지니고 있다. 자신의 정체성도 모어화자 집단의 일원으로서 이미 확립되어 있다. 그러므로 언어입력과 습득자와의 관계가 제1언어 습득의 경우와는 상이한 형태로 나타나게 된다는 것은 처음부터 예측 가능한 일이다.

그렇지만 이와 같은 차이가 제1언어 습득과 제2언어 습득 양쪽의 과정이 본질적으로 다르기 때문인지 아닌지를 결론짓는 것은 용이하지 않다. 예를 들어 다음의 b와 같은 예는 학습자의 모어를 불문하고 제2언어 습득 도중 흔히 볼 수 있는 오류이다.

1 a. 白い＿自転車

b. 白いの自転車

2 a. 白い＿と思います。

b. 白いだと思います。

3 a. 分かるようになる。

b. 分かるようになれる。

그러나 이와 같은 오류는 제2언어와 계속 접촉하면서 일본어능력이 향상되면 사라진다. 다시 말해 학습자 자신에 의해 어느 틈엔가 정정되어 간다고 말할 수 있는 것이다. 언어사용이 계속되는 가운데 오류가 정정되어 간다는 점에서, 앞서 본 제1언어 습득과 공통된다고 하겠다.

## 2. 제1언어 습득과 제2언어 습득의 관계

제1언어 습득과 제2언어 습득과의 관계를 논함에 있어, 가령 일본인이 제1언어인 일본어를 이미 습득한 중학생이나 고등학생 단계에서 제2언어인 영어를 학습하고 있는 경우를 상정해 보자. 이와 같은 경우 일본어를 아무리 잘한다고 하더라도 그로 인해 영어를 잘할 수 있게 되리라고 생각하기는 어렵다. 그러나 습득 연구에 의하면 제1언어의 능력과 제2언어의 능력에는 상호의존적인 관계가 있다고 한다. 언어습득 연구에서 규명된 이러한 통상적인 감각과는 다른 결과를 이미지상으로 파악하기 위해, 좀 더 구체적인 사항을 상세히 논한 습득 연구 결과의 정리(岡崎, 1995)를 살펴보기로 한다.

> 과제 ■ 제1언어가 충분히 발달한 단계 이후에 학습을 시작한 경우의 제2언어 습득과, 제1언어가 아직 충분히 발달하지 않은 단계에서 시작한 제2언어 습득과는 어떤 차이가 있을까? 또한 이와 같은 관점에서 제1언어 습득과 제2언어 습득 사이에는 어떠한 관계가 있는지에 대해 생각해 보자.

### _ 제1언어와 제2언어의 상호의존

유아의 언어습득 과정에 관한 연구 중, 제1언어 습득이 일정한 기초수준에 달하지 않은 단계에서 제2언어 습득을 시작했을 경우 어느 쪽의 언어도 충분히 발달하지 않는 사례가 관찰되는 데 반해, 제1언어가 충분히 발달된 후에 제2언어 습득이 시작된 경우에는 이러한 사례가 거의 발견되지 않는다는 결과가 다수 보고되어 있다. 이와 같은 현상에 대해 우선 제기된 견해는, 두 언어를 혼합적으로 사용할 경우 각 언어에서의 언어능력이 일정 정도의 기초수준에 달해 있어야 한다는 기초수준 가설(문지방 가설 : Threshold Hypothesis)이다(Cummins, 1978).

아울러 제1언어 습득과 제2언어 습득 사이에는 어떠한 영향 관계가 있는가라는 문제에 대해, 다음의 두 모형 중 어느 쪽이 언어교육 현장을 대상으로 한 조사 및 연구 결과에 의해 입증될 수 있는가라는 관점에서 정리되었다(Cummins & Swain, 1986). 제1모형은 분리 심층 능력separate underlying proficiency(SUP) 모형으로 제1언어 능력과 제2언어 능력은 별개의 것으로 서로 분리된 것으로 간주하며, 가정이나 학교에서 한 언어와 접촉하면 할수록 그 언어능력은 신장된다고 여긴다. 즉 양 언어의 능력은 별개의 것이므로 제1언어를 통해 학습된 내용이나 기능은 제2언어에 전이되지 않으며 마찬가지로 반대의 전이도 일어나지 않는다. 따라서 만일 머릿속에 제1언어 능력을 위한 풍선과 제2언어 능력을 위한 풍선이 있다고 가정한다면, 제1언어용의 풍선에 공기를 불어넣어도(제1언어용의 풍선은 부풀릴 수 있으나) 제2언어용의 풍선을 부풀게 할 수는 없다는 것이다.

제2모형은 공유 심층 능력common underlying proficiency(CUP) 모형으로 특히 읽기나 쓰기에서 제1언어나 제2언어를 사용하면 학습 동기도 생기고, 또한 학교·가정·지역사회에서 그 언어에 충분히 접촉할 수 있다면 그 언어뿐만 아니라 다른 언어능력도 발달하게 된다고 본다. 다시 말해 한 쪽의 언어발달은 다른 쪽의 언어발달에 공헌하며 양 언어 간에 상호보완적인 발달관계가 성립한다는 것이다(상호의존 가설 : Interdependence Hypothesis).

위의 두 모형에 관해 이중언어사용 교육bilingual education 프로그램의 성과, 이민 온 연소자의 이민 시의 연령과 제2언어 습득과의 관계, 가정에서의 이중언어사용과 학업성적과의 관계와 같은 세 관점에서 검증한 결과, 다음과 같은 것이 밝혀졌다. 이중언어사용 교육 프로그램 평가의 예로서, 브래드포드Bradford에서의 펀자브어Punjabi(제1언어)와 영어(제2

언어)의 이중언어사용 교육에 대해 분석한 결과를 들 수 있다. 프로그램 개시 시점에서는 제2언어 능력이 거의 없었던 5세 유아에 대해 프로그램 (1년간)을 실시하여 분석하였다. 약 70명의 학습자를 선정하여 두 언어를 병용하여 학습한 집단과 영어만으로 학습한 집단으로 나누어 양 집단을 비교한 결과, 두 언어를 사용한 집단의 학습자가 영어만을 학습한 집단의 학습자보다 제1언어인 펀자브어는 우수했으며 영어는 거의 비슷한 수준을 나타냈다.

다음으로 연소자의 이민 시의 연령과 제2언어 습득과의 관계를 분석한 대표적 예인 캐나다 토론토Toronto 교육위원회의 연소자이민 초등학생에 대한 연구가 재분석되었다. 이민 온 초등학생을 대상으로 그림에 의한 어휘테스트를 실시하여 연장의 학습자가 연소의 학습자보다 동일 기간 내에 더 많은 어휘를 습득한다는 결과를 얻었다. 이 결과는 CUP모형으로 명확히 설명될 수 있다. 예를 들어 민주정치라는 단어의 경우, 민주정치에 대해 대략적인 의미를 알고 있는 14세의 아이에게 있어서는 제1언어로 이미 획득한 개념에 새로운 제2언어의 단어라벨을 다는 것으로 충분하지만, 제1언어로도 아직 민주정치라는 개념을 획득하지 못한 아이의 경우에 제2언어로 민주정치라는 단어를 습득하기는 쉽지 않다. 일반적으로 제2언어의 어휘습득에서 연장의 아이가 연소의 아이에 비해 유리하다는 사실은 민주정치 등과 같은 개념상의 지식이 두 언어에서 공통으로 기능하고 있다는 것, 즉 두 언어 간에 상호의존 관계가 존재한다는 것을 나타낸다.

끝으로 연소자의 가정언어와 학업성적과의 관계에 관한 연구에서는, 연소자가 가정에서 제1언어를 사용하는 것 자체가 학업성적에 장애가 되지는 않으며, 가정에서 제1언어가 아니라 학교언어인 제2언어를 사용하는 것이 오히려 학업성적을 저하시킨다는 결과가 나왔다.

　　연소자의 제1언어와 제2언어 습득 사이에는 상호의존 관계가 성립한다. 성인의 경우에도 제1언어의 읽기능력이 우수할 경우 제2언어의 읽기능력도 우수한 경향이 있으며, 또한 쓰기에 있어서도 동일한 경향을 나타내는 것으로 밝혀진 바 있다. 제1언어와 제2언어에 공히 기초가 되는 능력에 관해 앞서 민주정치라는 개념이 제1언어로 습득된 경우에는 그 개념에 제2언어의 라벨이 붙여진다는 것으로 설명된다고 하였는데, 이와 같이 개념 형성이나 그 개념 조작의 능력은 언어능력과 밀접하게 관련되어 있다. 성인에게 있어서도 제2언어를 습득할 때, 제1언어 하에 이미 형성된 개념이나 그 개념 조작 위에 제2언어의 라벨이 붙여진다고 하는 구조는 통용될 것으로 생각된다.

## 3. 제2언어 습득 연구의 성과

본 절에서는 제2언어로서의 일본어학습을 촉진하는 교실 활동·교재를 생각하기에 앞서, 제2언어 습득 일반에 관한 연구의 현황을 정리하고 이를 통해 교육현장에서 어떠한 시사를 얻을 수 있는지 알아본다.

### (1) 입력 가설 Input Hypothesis

1970년대부터 80년대 초반에 걸쳐 제2언어 습득 연구에 가장 큰 영향을 끼친 학자는 Krashen(1982, 1985, 1994)이다. Krashen은 학습자의 해당 단계의 언어능력을 약간 상회하는 문법구조나 어휘를 포함하며 전후 문맥, 발화 상황, 배경지식, 기존의 언어지식 등을 이용해 의미가 이해되는 언어자료input를 그 학습자가 이해 가능한 입력comprehensible input이라고 정의하고, 이를 [i＋1(아이 플러스 원)]이라 칭하였다. 그리고 언어습득의 필요충분조건은 대량의 이해 가능한 입력에 접하는 것이라고 하였다. 이를 입력 가설Input Hypothesis이라고 한다.

입력 가설 하에서는 말하기와 쓰기와 같은 언어의 산출은 언어습득의 원인이 아니라 언어습득의 결과라고 여겨진다. 또한 목표언어 자료의 의미적 이해를 축적함으로써 언어능력이 양성되고 그 결과로서 말할 수 있게 되는 것으로, 그 반대는 성립되지 않는다고 본다. 따라서 바람직한 언어학습은 통상적으로 생각되어 온 [명시적 설명에 의한 문법이나 문형의 이해→구두 문형 연습의 반복→언어능력의 획득]이 아니라는 것이다. 언어의 출력을 중시하는 것이 아니라 언어의 이해, 특히 문법적인 이해가 아닌 의미적인 이해를 중시하는 학습이다.

> 명시적 설명에 의한 문법이나 문형의 이해
> ⇩
> 구두 문형 연습의 반복
> ⇩
> 언어능력의 획득

통상적으로 바람직하다고 여겨져 온 언어학습 모형

또한 Krashen은 무의식중에 이루어지는 것을 습득acquisition, 의식적으로 이루어지는 것을 학습learning이라고 엄밀히 구별하여 양자 간의 교류를 완전히 부정한다. 그리고 말하거나 쓸 때에 발동되는 언어능력을 이해 가능한 입력에 접하는 중에 무의식적으로 형성된 습득으로 한정하고, 설명이나 연습 등의 의식적인 학습에 의해 형성된 것이 출력의 자원resource으로서 사용되는 일은 없다고 본다. 즉 아무리 학습한다고 해도 거기에서 획득된 것은 언어지식일 뿐, 언어사용 시에 발동되는 언어능력은 될 수 없으며 무의식중에 몸에 밴 것만이 언어능력이 될 수 있다는 입장이다(Krashen, 1982). 습득과 학습, 입력과 출력의 관계는 다음과 같이 나타낼 수 있다.

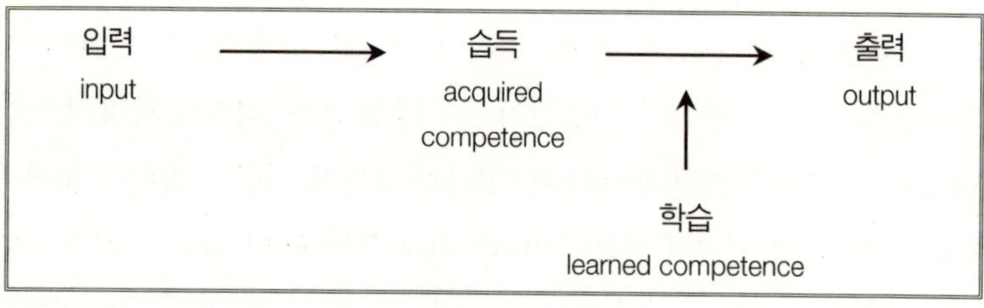


습득과 학습의 관계

이러한 Krashen의 주장에 대한 비판도 다수 존재한다. 입력 가설에서는 이해 가능한 입력을 학습자의 현재 수준에서는 알 수 없는 문법구조를 포함한 약간 상위의 것이라고 하여 이를 i+1과 같이 규정하고 있으나, 이것은 일종의 비유일 뿐 구체적으로 규정지을 수 없다. 따라서 이 가설이 올바른지 아닌지를 확인할 방법이 없는 것이다. 또한 i+1의 규정에 있어서 문법구조만을 습득대상으로 한다는 것에서도 알 수 있듯이, Krashen은 언어능력을 문장 수준의 문법능력으로 간주한다. 그러나 언어능력에는 문법능력에 더하여 적절한 상황에서 적절히 말할 수 있는 사회문화적 능력, 대화를 시작하거나 끼어들거나 끝내거나 혹은 일관성 있게 화제를 전개할 수 있는 담화능력, 나아가 효과적으로 전달한다든지 잘 안되었을 경우에 빠져 나갈 수 있는 전략능력도 포함되어야 한다는 비판도 있다(Canale & Swain, 1980).

아울러 언어습득을 촉진하기 위해서는 이해 가능한 입력과 함께 이해 불가능한 입력도 필요하다는 점에서도 비판을 받는다. 예를 들어 이해 가능한 입력만으로는 학습자 측에 [주의하기attention]나 [알아차리기noticing]가 일어나지 않으며(White, 1998), 학습자가 자신의 언어에 한계를 느끼는 것은 이해할 수 없는 메시지에 접했을 때로 그것이 자신을 습득의 다음 단계로 이끌어 줄 기회가 된다(Loschky, 1994)는 것이다.

의식적인 학습에 의해 획득된 언어지식이 언어능력으로 바뀌지 않는다는 주장에 대한 비판도 있다. 즉 의식적인 연습에 의해 자동화되고 그러는 사이에 의식하지 않더라도 발화 중에 자유롭게 사용할 수 있게 되는 것에 관해 설명할 수 없다는 것이다.

그러나 입력과 습득의 관계에 주목했다는 점에 있어서 Krashen의 공적은 인정된다. 아래에서 상세히 검토하겠으나, 그로 인해 입력과 습득의 관계를 보다 상세히 탐구하여 언어습득의 실상을 밝혀내려는 연구가 행해지게 되었다고 할 수 있기 때문이다. 또한 언어 교사에게 있어서는 Krashen의 연구가 제시하는 방향이 〈문법 명시→이해〉와 〈문형 제시→모방과 연습〉을 주로 행하던 전통적인 언어교육에 대한 본질적인 비판이며, 언어습득에 관해 어떠한 입장을 취하든지 피해갈 수 없는 문제 제기라고 생각된다.

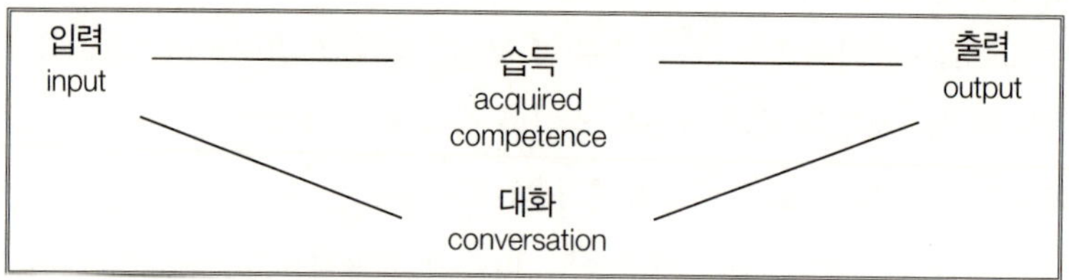


-이해 가능한 입력이 언어습득을 촉진한다.
-출력은 습득된 언어능력의 결과 가능하게 된다.
-대화에 의해 이해 가능한 입력이 증대된다.

Krashen에 의한 언어습득(Krashen, 1982:61)

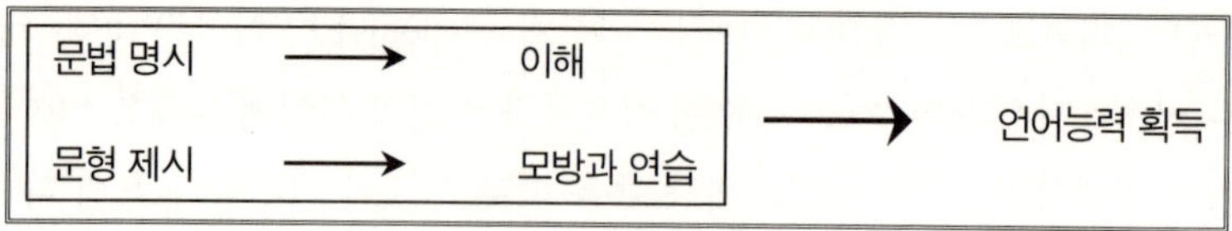


전통적인 언어교육

## (2) 출력 가설 Output Hypothesis

언어습득에 있어 Krashen이 제기한 입력 가설의 중요성은 인정되었지만, 그것은 언어습득의 필요조건이긴 해도 충분조건일 수는 없다는 비판과 함께 언어습득의 충분조건으로서 언어 출력에 주목하는 견해가 제기되었다. Swain에 의한 출력 가설Output Hypothesis이 그것이다(Swain, 1985).

Swain은 캐나다의 프랑스어 몰입교육 프로그램immersion program에서 영어를 모어로 하는 어린이들이 유치원부터 초등학교 6학년까지 7년 간 프랑스어로 교육을 받은 후의 프랑스어 능력과, 같은 또래의 프랑스어를 모어로 하는 어린이들의 프랑스어 능력과 비교하였다. 그 결과 몰입교육 프로그램에서 획득한 프랑스어 능력은 예상과 달리 낮다는 것이 밝혀졌다.

이와 같은 결과에서 Swain은, 어린이들이 자신들이 말하고 싶은 것을 어떻게 전하면 상대방(교사)이 알아들을 수 있는가를 빠른 단계부터 터득하고, 또 프랑스어로 정확하면서도 적절하게 발화하는 것을 교사 측으로부터 강요받지 않는 등의 이유로 인해 프랑스어 능력의 신장이 정지되는 것이라고 생각하였다.

다시 말해 이 어린이들이 [몰입교육 프로그램에서 이해 가능한 입력을 충분히 받았음에도 불구하고 프랑스어 모어화자 수준의 프랑스어 능력을 획득할 수 없었다]는 것에서, 이해 가능한 입력만으로는 언어습득을 설명할 수 없다고 생각하게 되었다. 따라서 모어화자 수준의 언어능력을 획득하기 위해서는 이해 가능한 입력의 접촉과 함께(자신이 말하고자 하는 것을 그저 전달하는 것에 그치지 않고) 문법적인 정확성, 화용론적인 적절성, 그리고(짧은 단발적인 발화가 아닌) 전후와의 관련성, 일련의 발화를 할 수 있도록 외부(교사 측)에서 강요하지 않으면 안 된다고 생각하였다. 또한 이와 같은 [외부로부터 올바른 발화를 강요당한 결과, 상대가 의미를 이해할 수 있을 뿐만 아니라 문법적으로도 정확하면서 화용론적으로도 적절하게 학습자에 의해 수정된 발화]를 이해 가능한 출력comprehensible output 혹은 수정된 발화modified output라고 정의하고, 이러한 [이해 가능한 출력에 이르는 과정이 언어습득에 있어서 불가결하다]고 주장하였다.

출력 가설을 한층 심화시킨 Swain은, 언어습득에 있어서 출력의 역할에 대해 다음과 같은 점을 강조한다(Swain, 1995).

- 정확하고 일관되며 적절한 출력을 강요하는 것으로 인해, 학습자는 의미적 이해의 단계에서 구문적 이해의 단계로 언어습득을 진전시킬 수 있다.
- 말할 수 있는 것과 말하고 싶은 것 사이의 차이gap를 의식하게 할 수 있다.
- 언어의 정확성이나 적절성에 대해 자신의 가설을 검증하게 할 수 있다.
- 제2언어의 규칙에 대한 의식화를 꾀할 수 있다.

### _ 모어화자와의 상호작용

Swain의 출력 가설은 말하기와 쓰기와 같은 언어 산출에 중점을 두는 교사에게 있어서는 공감하기 쉬운 것이다. 그러나 이 가설이 도출되는 직접적인 계기가 된 프랑스어 몰입교육 프로그램 어린이들의 언어능력 자료에 대해서는, 후속 연구(Cummins & Nakajima, 1987)에서 상이한 분석 결과가 나타났다. 어린이들의 프랑스어 능력은 일률적인 것이 아니라, 프랑스어 모어화자보다 어느 면에서는 모자라지만 어느 면에서는 동등하다는 것이 밝혀졌다. 구체적으로 어린이들의 문법·어휘·발음에 관련된 언어능력은 모어화자에 비해 명백히 낮으나, 화용론적인 능력이나 문법과 상관없는 담화 능력, 적절한 전략을 사용하는 능력에서는 모어화자와 동등한 능력을 지닌다는 것이다.

프랑스어 몰입교육 프로그램과 영어 몰입교육 프로그램 어린이들의 이중언어사용 능력을 비교 연구한 Landry & Allard(1992)에 의하면, 프랑스어 몰입교육이라고 해도 학습 시간을 합산해 보면 프랑스어보다 영어에 할당된 시간이 상당히 많다는 점, 클래스의 학생들이 모두 영어 모어화자이며 가정이나 지역사회에서도 영어가 사용되고 [개인적 언어접촉 네트워크는 오로지 영어로 형성되어 있다는 점을 들어, 프랑스어 모어화자와의 교류는 극히 제한되어 있어 기대만큼의 이해 가능한 입력이 주어졌다고 볼 수 없다고 하였다. 따라서 Swain이 말한 바와 같이 [이해 가능한 입력을 충분히 받았음에도 불구하고 프랑스어 모어화자만큼의 프랑스어 능력이 획득될 수 없었다]라는 결론을 이끌어 내는 것에는 문제가 있다고 여겨진다.

또한 캐나다의 퀘벡Quebec 주에 정주하는 프랑스어를 모어로 하는 어린이들의 영어 몰입교육 프로그램을 통한 영어능력은, 영어 모어화자의 영어능력에 비해 손색이 없다는 것이 보고된 바 있다(Landry & Allard, 1992). 이 어린이들의 경우 위의 프랑스어 몰입교육 프로그램의 어린이들과는 대조적으로, 교실 밖의 개인적 언어접촉 네트워크가 프랑스어만이 아니라 영어도 포함되어 형성되어 있어 제2언어인 영어와의 접촉이 빈번하다는 특징이 있다. 따라서 이해 가능한 입력을 얻을 기회가 많아지면 몰입교육 프로그램에서 모어화자 수준의 능력을 얻을 수 있으므로, Swain이 말한 바와 같이 [이해 가능한 입력만으로는 모어화자 수준으로 될 수 없다]라고 결론지을 수는 없을 것 같다.

이와 같이 프랑스어 몰입교육 프로그램 어린이들의 프랑스어 능력, 가령 문법 면에서 모어화자보다 떨어지며 그 원인이 Swain이 주장하는 것처럼 문법적으로 바르게 말하고자 하는 노력이 부족하기 때문이라고 보기보다는, 프랑스어 모어화자와의 교류가 압도적으로 부족하다는 그야말로 이해 가능한 입력이 충분히 주어지지 않았다는 문제로 정리하는 것도 가능하다. 또한 전술한 Cummins & Nakajima(1987)는 언어능력 중에서도 특히 문법·어휘·발음은 모어화자와의 교류의 절대량에 크게 영향을 받는다고 결론지어, 모어화자와의 교류의 중요성을 뒷받침하는 견해를 보이고 있다.

그렇다면 이해 가능한 입력 혹은 모어화자와의 교류에 있어 어떤 점이

습득을 촉진시키는 것일까? 이에 대한 해답을 구하고자 한 것이 다음에 소개할 제반 연구이다.

## (3) 상호작용 가설 Interaction Hypothesis

### 1) 발화 수정 Speech Modification

이해 가능한 입력이 습득을 촉진시킨다고 했을 때 그것은 학습자와 모어화자 간의 상호작용, 특히 모어화자가 학습자의 반응을 지켜보면서 자신의 발화를 수정하여 그 결과로서 처음에는 이해 불가능했던 것이 결국에는 이해 가능하게 된다는 과정을 거치는 경우에 제한시켜야 한다고 하는, 학습자와 모어화자 사이의 상호작용 자체를 중시하는 입장이 대두되었다(Long, 1985). 이것이 상호작용 가설Interaction Hypothesis이라 불리는 것이다.

이 가설은 1985년 당시에는 모어화자 측의 발화 수정speech modification에 관심을 두었던 것으로, 그것이 결과적으로 이해 가능한 입력을 증대시켜 언어습득을 촉진시킨다는 것이었다. 모어화자 측의 발화 수정에서 나타나는 특징으로는, 기본적인 문형이나 어휘를 사용하거나 확실한 억양으로 말하는 것과 같은 언어 형태상의 수정뿐만 아니라 청자인 비모어화자가 모어화자의 발화의 의미를 이해했는지 아닌지를 확인confirmation check(확인 점검)하거나, 비모어화자의 발화 내용이 애매할 때에는 명확히 해줄 것을 요구clarification request(명확화 요구)하는 등의 기능상의 수정도 나타난다는 것이 밝혀졌다.

이를 이해 가능한 입력의 획득이라는 점에서 본다면, 비모어화자는 모어화자와의 사이에서 언어를 사용한 상호작용을 반복함으로써 모어화자로부터의 입력을 자신에게 있어 보다 이해 가능한 것으로 변환시킬 수 있다는 것을 의미한다. 따라서 결과적으로 보다 많은 이해 가능한 입력을 획득할 수 있게 되고, 그럼으로써 언어습득이 촉진된다고 볼 수 있다는 것이다.



〈hint〉 비모어화자라고 하더라도 제2언어 능력에는 여러 단계가 있다. 또한 어떤 상황에서 이루어지는 대화인지에 따라 대화의 진행 방식이 달라진다. 가령 길가에서 더듬거리는 일본어로 말하는 외국인에게 어떤 장소에 대한 질문을 받을 경우나 행사에서 처음 만나는 외국인을 상대로 자기소개를 하는 상황의 대화 등을 상상하여, 일본어 모어화자끼리의 대화와 어떻게 다른지 생각해 보자.

## 2) 의미 교섭 Negotiation of Meaning

[발화 수정]에서는 주로 모어화자 측에서 비모어화자의 이해를 돕기 위해 어떻게 자신의 발화를 수정하는가, 그리고 그것이 어떻게 비모어화자에게 있어 이해 가능한 입력이 되어 최종적으로 언어습득으로 이어지는가라는 점이 중시되었다. 즉 비모어화자에 의한 출력output에는 주목하지 않는데, 그런 의미에서 [발화 수정]은 입력 가설의 연장선상에 있는 것이라 할 수 있다.

그러나 [발화 수정]은 모어화자가 혼자서 일방적으로 행하는 것이 아니라 비모어화자라는 상대가 있음으로써 가능한 것이다. 따라서 대화의 장에 있어 비모어화자의 참가 방식에도 관심이 모아지게 되었다. 가령 비모어화자가 모어화자로부터의 명확화 요구에 대해, 상대에게 이해시키지 못한 자신의 발화를 어떻게 이해 가능하게 수정하는가와 같은 측면도 주목받게 되었다. 즉 모어화자와 비모어화자 쌍방이 서로를 이해시키기 위해 행하는 상호작용이 주목을 받게 된 것이다.

목적 없는 발화를 주고받는 것이 아니라 어떤 목적을 달성하기 위해 서로 모르는 것에 대해 이해시키고 이해하고자 하는, 모어화자와 비모어화자 간의 상호작용을 의미 교섭negotiation of meaning이라 한다. 의미 교섭의 과정에서 모어화자뿐만 아니라 비모어화자도 자신의 발화를 수정한다는 점이 주목받게 되면서, 이것이 언어습득의 촉진 요인으로 여겨지게 되었다(Pica 1994b; Long 1996). 왜냐하면 비모어화자는 모어화자에 의한 입력을 대상으로 할 뿐만 아니라 자신의 출력에 대해서도 스스로 습득 도중의 [언어]가 지닌 문법, 의미, 화용에 관한 규칙을 일일이 시행하면서 검증해가는 것으로 여겨지기 때문이다. 따라서 상호작용에 있어서의 입력과 출력 공히 언어습득의 촉진 요인으로서 중요하게 여겨지게 되었다고 할 수 있다.

### 3) 과제 task

교수요목syllabus을 설정할 때 단위unit를 어떻게 정할 것인가는 중요한 문제이다. 언어의 구조structure나 기능function을 단위로 삼는 교수요목(구조·기능 교수요목)이 일반적이나, 학습자 중심의 의사소통을 중시하는 교육을 표방하는 경우에는 과제task를 단위로 하는 경우(과제 교수요목)가 많다(Pica, 1994a; Long & Crookes, 1992).

Pica 등은 과제의 특징으로서 work, activity, goal의 세 가지 핵심어를 든다(Pica et al., 1993). 즉 과제란 언어를 사용해 서로 협력하면서 일정 목표를 위해 행하는 활동이다. 기본적으로 과제는 짝이나 소집단으로 행해지며 달성되어야 할 목표가 있다. 따라서 과제의 목표를 달성하는 과정에서 빈번한 의미 교섭이 이루어지게 되고, 처음에는 이해할 수 없었던 입력을 점차 이해할 수 있게 되며 출력에 있어서도 상대가 이해할 수 있도록 자신의 발화를 수정해간다. 이러한 의미에서 과제는 입력, 출력의 양

면에서 언어습득을 촉진시킨다는 의의를 지닌다고 하겠다.

그러나 Pica 등에 의하면, 모든 과제가 제2언어 습득에 공헌하는 것은 아니라고 한다(Pica et al., 1991). 과제를 정보의 소재, 정보 흐름의 방향, 결과의 유무에 따라 분류한 결과, 특정 과제가 제2언어 습득의 촉진에 기여하는지의 여부를 판단하는 데 있어 세 가지 축이 있다고 하였다. 첫 번째 축은 집단 구성원으로부터의 정보 제공이 의무적인지 자유적인지이다. 구성원 전원이 의무적으로 자신이 가진 정보를 제공하지 않으면 안 되는 경우에는 그만큼 의미 교섭이 빈번하고 상세하게 이루어질 것으로 예상된다. 두 번째 축은 정보의 흐름이다. 정보의 흐름이 A에서 B와 같은 식으로 단일방향인 경우보다는, A에서 B, B에서 A와 같이 양방향의 흐름이 있는 편이 의미 교섭이 빈번히 일어날 것이다. 세 번째 축은 답이 단일한가 복수인가이다. 답이 하나밖에 없을 경우에는 그 유일한 답에 이르기 위해 빈번하고 상세한 의미 교섭이 필요하게 된다. 어떤 경우라도 의미 교섭이 빈번하고 상세하면 할수록 이해 가능한 입력과 이해 가능한 출력이 풍부해지며, 그 결과 제2언어 습득이 촉진된다는 것이다.

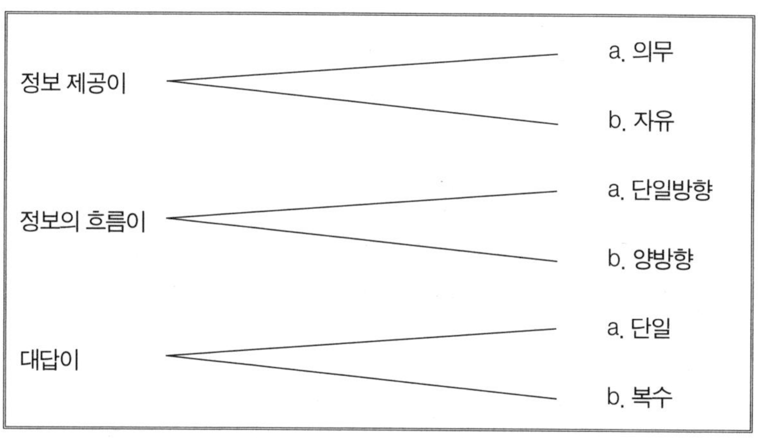



과제의 제2언어 습득 촉진 기여의 세 가지 축

정보 차information gap형의 과제는 정보를 가지고 있는 사람과 가지고 있지 않은 사람이 명확히 구분된다. 따라서 정보의 흐름은 정보를 가지고 있는 사람에게서 가지고 있지 않은 사람에게 일방적으로 전해지는 단일 방향의 과제이다. 단 일방적이기는 하지만 정보의 제공은 의무적이며, 답 이 하나인지 아닌지는 설정에 따라 다양할 수 있다. 그러므로 의미 교섭 이 일어나기 쉬울 수도 있고 어려울 수도 있어 단정하기는 어렵다. 다음 으로 의견 교환opinion exchange형의 과제를 보면 정보의 흐름은 양방향 이다. 참가자의 자질에 따라 다르겠지만 정보의 제공은 의무적이지 않으 며 답도 한가지로 한정되어 있지 않으므로, 의미 교섭이 지극히 적은 경 우도 있을 수 있다. 의사 결정decision making형 과제 역시 정보의 흐름은 양방향이다. 정보 제공은 의무적이지 않으나, 어떤 형태로든 의사 결정을 해야 한다는 의미에서 다소의 의미 교섭은 발생할 것으로 여겨진다. 문제 해결problem solving형 과제는 정보 제공이 의무적이 아니므로 활동에 참 여하지 않을 수도 있다. 답이 한가지로 정해져 있지 않은 경우는 더욱더 의미 교섭이 적어질 수 있다. 끝으로 조각 맞추기jigsaw형 과제는 참가자 가 조금씩 정보를 나누어 가지고 있어 그 정보를 전부 모아야만 바른 답 에 달하게 된다. 따라서 정보 제공은 의무적이고 최종적으로 달성할 답도 한가지이므로, 의미 교섭이 빈번히 발생할 것으로 기대된다. 그 예로는 한 장의 그림을 각 참가자가 나누어 갖고 다른 사람에게는 보이지 않도록 한 후 각자 설명함으로써 원래의 그림으로 완성시키는 활동(Pica et al., 1991)이나, 각 단락으로 분할된 문장을 각기 짜 맞추어 원래의 문장으로 복구시키는 활동 등이 있다.

Long & Crookes(1992)는 이러한 과제와 언어형식에 대한 초점화를 의사소통 활동 중에 짜 넣음으로써 정확하고 유창한 제2언어 능력이 양성될 수 있다고 주장한다.


### 4) 언어형식에 대한 초점화 Focus on Form

의미 교섭에 대해 집중적으로 연구하고 있는 이들 중 Pica는, 제2언어 습득을 촉진하는 요인으로서 ① 이해 가능한 입력comprehensible input, ② 이해 가능한 출력comprehensible output과 함께 ③ 언어형식에 대한 초점화focus on form도 중요하다고 보고, 이 세 가지를 촉진 요인으로 들고 있다(Pica 1994a, 1996).

언어형식에 대한 초점화란, 학습자 중심의 의사소통 중심 접근법 Communicative Approach에 의한 교수법 하에서 배운 학습자에게 나타나기 쉬운 문제를 해결하기 위한 방편으로 도출된 것이다(Long, 1991; Pica, 1994a). 이 접근법 하에서는 대부분의 경우 과제 중심 교수요목으로 행해지기 때문에 의사소통상의 목표를 달성하기 위한 과제가 교실 활동의 중심이 된다(Long & Crookes, 1992). 언어는 본래 잉여부분을 상당량 포함하고 있으나, 의사소통상의 목표 달성을 지향하는 과제 활동에 있어서는 그러한 언어의 잉여부분에는 주목하지 않는 경우가 많다. 알기 쉬운 예로, 영어의 삼인칭단수 현재나 복수를 나타내는 -s에 대해 생각해 보자.

    1  a. Tom speaks Japanese.

         b. Tom speak Japanese.

    2  a. Tom has three books.

         b. Tom has three book.

각각 a는 문법적으로 맞고 b는 문법적으로 틀리다. 그러나 -s가 없어도 삼인칭단수라는 것은 명백하며, 또한 복수라는 것도 알 수 있다. 따라서 위의 -s는 언어 정보적으로는 전혀 여분의 것으로, 영문법이라는 점에서만 필요하다. 의사소통 과제에서는 이와 같은 잉여부분이 학습자에게 주목받지 못하며, 따라서 이러한 정확성은 습득되기 어려울 것으로 예상된다. 즉 다른 면에서의 언어능력은 신장한다고 해도, 이와 같은 점에서는 정확성이 결핍된 영어를 계속 사용할 것으로 생각된다.

이러한 학습자가 스스로 인식하기 어려운 언어형식을 학습자가 인식할 수 있도록 하는 개입이 필요하다고 하는 데서, 언어형식에 대한 초점화가 제기되었다.

Pica는 학습자가 자신의 언어습득을 촉진시키기 위해 입력이나 출력을 대상으로 자신의 언어가 지닌 규칙을 검증 혹은 수정하지만, 그러한 경우 자신이 지닌 규칙을 올바른 것이라고 확인해 줄 긍정적 증거positive evidence뿐만 아니라 자신이 지닌 규칙이 틀렸을 경우 수정을 유발시킬 부정적 증거negative evidence도 필요하다고 하였다. 그리고 의미 교섭이 이러한 양쪽의 증거를 학습자에게 제공하는지, 그것들이 학습자에게 주목받는지에 대해 실증적으로 조사하였다(Pica, 1996). 비모어화자와 모어화자인 피험자를 모집하여 대화하도록 한 후 수집한 대화 자료를 분석한 결과, 모어화자는 비모어화자가 문법적으로 틀린 발화를 했을 때 그에 대한 신호로 부정적 증거의 피드백을 주는 반면, 비모어화자의 [모르겠다]는 식의 신호에 대한 대응에서는 긍정적 증거의 피드백을 준다는 것이 밝혀졌다고 보고하였다.

**부정적 증거의 예**

비모어화자 : オーストラリアのドルは、でも学生ははんだい
　　　　　　　(호주 달러는, 그래도 학생은 전반)
모 어 화 자 : はんぶん？(절반?)
　　　　　　　[신호 :「はんだい(전반)」은 이상해,「はんぶん(절반)」이지]
비모어화자 : はんぶんだから(절반이기 때문에)


**긍정적 증거의 예**

비모어화자 : あ、日本にいると、少し？上手になりますけど、あまり
　　　　　　　急な、あー急なー
　　　　　　　(아, 일본에 있으면 조금? 잘하게 되지만, 그다지 급속한, 아
　　　　　　　급속한)
　　　　　　　[신호 : 적당한 단어를 모르겠으니 도와 줘]
모 어 화 자 : 急な向上とか、伸びるってことです？上達？
　　　　　　　(급속한 향상, 느는 것 말인가요? 숙달?)
　　　　　　　[대응 : 그건「上達(숙달)」이라고 해]
비모어화자 : あ、じょうたつ、急なじょうたつはみえない
　　　　　　　(아, 숙달, 급속한 숙달은 보이지 않아)

大島(2001)의 예


　　즉 의미 교섭에 있어서 비모어화자는 자신의 가설(문법 규칙)에 대해
부정·긍정 양쪽의 증거를 얻을 수 있다는 지적이다. 또한 이러한 증거의
내용으로는 어휘에 관한 것이 많았으나 구문 구조에 관한 것도 포함되어
있다고 하였다. 더불어 의사소통상의 목표가 있으면서 언어형식에 대한
초점화도 빈번히 유발시킬 수 있는 과제를 만들기 위해 노력해야 한다고
지적하였다(Pica, 1996).

## (4) 교실에서 사회적 맥락으로

이상과 같이 제2언어 습득 연구 중에서 제2언어 습득을 촉진하는 요인이 무엇인가에 초점을 둔 연구에 대해 검토하였다. 대부분의 실증연구는, Pica와 같이 모어화자와 비모어화자의 피험자를 짝지어 조건을 조절하면서 과제를 부여하고 그 과정을 자료로 삼는다. 이러한 설정은 요인의 조절이라는 점에서는 바람직하다고 할 수 있으나 문제점도 있다. 예를 들어 위의 Pica의 연구를 보면, 모어화자와 비모어화자가 주고받는 대화의 분석을 통해 양자 사이에서 어느 정도 빈번히 의미 교섭이 일어나고 있는가, 그리고 의미 교섭의 과정에서 어느 정도 부정적 증거나 긍정적 증거가 주어지고 있는가를 관찰한다. 다시 말해 Pica의 관찰 대상자들은 각각 과제에 전념하고 의미 교섭을 반복하면서 다양한 종류의 피드백을 서로에게 주고 있다.

그러나 실험실에서 한 발 밖으로 나왔을 때, 그곳에서는 어떠한 의미 교섭 과정이 관찰되는가? 주변의 언어 교실은 어떠한가? 가령 교사와 학습자 사이, 수업 중이나 수업 외에서의 학습자끼리는 어떠한가? 또한 외국 국적의 정주 노동자의 경우는 어떠한가? 그들에게 있어 직장에서 의미 교섭의 기회가 있기는 한 것인가? 거주 지역 혹은 가정 내에서는 어떠한가?

캐나다에서의 예를 들면, 이민 온 사람들에게 있어서 영어 모어화자와 대화할 기회는 좀처럼 얻기 어렵다는 보고가 있다(Norton 2000). 이에 따르면 모어화자는 비모어화자의 서툰 영어에 맞춰 그들이 알아듣기 쉽게 모어화자 자신의 영어를 수정하는 일은 거의 없고, 비모어화자가 알아듣지 못할 때는 그저 답답해하기만 한다고 한다. 또한 직장 등에서 일단 대화가 시작되어도 비모어화자는 대화에 참여할 자격이 없다는 것을 여러

형태를 통해 알게 되고, 모어화자와의 대화의 장에 머물러 있는 것 자체
가 불가능하다고 한다.

　제2언어 습득 연구는 그 대상을 한층 확대시킬 필요가 있다. 실험실이
나 교실뿐만 아니라 제2언어 습득이 이루어지는 여러 장소, 그리고 다양
한 사회적 맥락 안에서 행해지는 제2언어 습득을 대상으로 하는 연구로
확충되어야 할 것이다.

# 제2장

# 이해(읽기·듣기) 과정에 관한 연구 및 현장으로의 시사

언어는 이해comprehension와 산출production이라는 두 과정으로 생각해 볼 수 있다. 이해에는 씌어 있는 것을 읽는 독해와 말하는 것을 듣는 청해가 있으며, 산출에는 구어를 말하는 것과 문어를 쓰는 것이 있다. 본 장에서는 이해 과정에 초점을 맞추어, 읽기 과정과 듣기 과정에 대해 논하기로 한다.

각 내용에 들어가기에 앞서 이해 과정과 언어습득과의 관계에 대해 간단히 정리한다.

읽기·듣기의 이해 과정은, 1970년대 후반부터 Krashen(1985)에 의해 언어 습득의 열쇠가 되는 것으로 주목·중시되어 왔다. 그러나 말하는 것이나 쓰는 것에 비해 여전히 수동적이고 부수적인 과정으로 간주되는 경향이 강하게 남아 있다.

제1언어, 제2언어를 불문하고 언어능력에 있어서 이해력은 산출력에 선행된다. 예를 들면 어린이는 모어를 말하기 시작하기 훨씬 이전의 단계부터 주위 사람들의 말에 대해 특정한 반응을 보이는데, 이를 통해 자신에게 하는 말을 이해한다고 생각할 수 있다. 또한 제2언어 학습자에 있어서도 듣고 이해는 하지만 말하지 못하는 것과 같은 상황은 일반적이라고 할 수 있다.

이러한 점에 입각하여 의도적으로 언어습득을 촉진하기 위해서, 이해력을 충분히 갖게 하고 그 위에 산출력을 더해야 한다는 주장이 보급되어 왔다. 이는 이해 중심 접근법Comprehension Based Approach으로 명명되어, 이해력을 갖게 하는 일은 눈에 보이지 않는 빙산의 수면 아래 토대 부분을 구축하는 것과 같다는 언어교육관을 뒷받침하고 있다. 구체적인 교수법으로는 전신 반응법Total Physical Response이나 자연주의 접근법Natural Approach 등이 있다.

# 1. 읽기

본 절에서는 이해 과정 중 읽기(독해)에 대해 살펴본다. 중심적인 논점은 다음의 두 가지이다.

- 독해 과정을 어떻게 생각해야 하는가?
- 독해의 교실 활동·교재작성을 위해 어떤 시사가 도출될 수 있는가?

과제 ■ 외국어를 읽을 경우(가령 문헌 강독), 여러 사람 앞에서 소리 내어 읽을 경우(음독)와 혼자 읽을 경우(묵독)에 내용을 이해하는 데 차이가 있는가? 있다고 한다면, 음독과 묵독의 차이는 무엇인가?

〈hint〉음독과 묵독의 큰 차이는, 음독은 발음이나 억양에도 집중해야 하지만 묵독은 그럴 필요가 없으므로 의미 해석에 집중할 수 있다는 점이다. 외국어의 경우는 발음이 잘 되지 않는 것이 많으므로 특히 문제가 된다. 또한 음독은 소리를 내서 읽어야 하므로 어느 단어를 발음할 때에도 거의 같은 시간을 할애하지만, 묵독은 시간을 일정하게 할애할 필요가 없고 건너뛰면서 읽을 수도 있다. 따라서 읽는 속도도 묵독 쪽이 빠르다.

## (1) 독해 과정을 어떻게 생각해야 하는가?

[독해 과정을 어떻게 생각해야 하는가?]라는 물음에 대한 답을 얻기 위해 상세히 검토해야 할 세 모형이 있다. 이들 모형은 독해 과정을 각기 다른 세 시점에서 모형화한 것이나 공통점도 있다. 그것은 독해를 개인 내부에서 진행되는 과정으로 본다는 점이다. 즉 씌어 있는 문자 외에 그와 대치하는 개인의 존재를 전제로 하고, 그 개인 내에서 진행되는 과정으로 보는 것이다. 따라서 독해 능력은 개인 내부에서 만들어지는 추상적인 능력으로 간주된다.

한편 최근의 새로운 경향으로서 ESL(English as a Second Language) 영역에서도 주목받는 새로운 견지(Street, 1993)로는 독해를 사회적 맥락 중에 일어나는 구체적인 언어행동으로 보는 입장이다. 씌어 있는 것이 어떻게 사용되고 있는지, 그 사용방법 자체를 독해로 취급하고자 한다. 그러므로 독해의 기능을 상세한 하위 기능으로 나누어 (가령 상향식 기능이나 하향식 기능과 같이) 그들 하나하나를 양성해 나간다는 입장이 아니라, 사회적으로 씌어 있는 것을 사용해 행해지는 것literacy event을 통째로 체험함으로써 사회적으로 인정된 언어행동 능력을 양성하고자 한다.

예를 들어 백인 공동체에 있어서 취학 전의 자녀를 대상으로 한 문자해득literacy 활동으로, 부모가 책을 읽어 들려주는 것이 있다. 이러한 경험에 의해 어린이들은 취학 후 학교에서의 독서에 원만하게 접할 수 있다. 한편 이러한 책 읽어주기가 모든 집단에서 행해지는 일반적인 문자해득 활동은 아니다. 가령 누군가가 책을 읽어 들려준 경험 없이 취학한 어린이에게 있어 학교에서의 독서는 전혀 익숙한 활동이 아니다. 따라서 숙달되지 못한다. 이에 문자해득을 위한 교육방법으로, 문자 학습이나 음 연습 등이 아닌 책과 친해질 기회를 주는 것을 우선시하거나 혹은 취학 전 어린이에게 알맞은 책 읽어 들려주기를 경험하는 장을 제공하는 등의 활동이 행해지기도 한다.

여기에서는 새로운 분야의 입장도 일부 도입하겠으나, 기본적으로는 종래의 입장에 근거하여 논하기로 하겠다.

## _ 독해 과정의 세 모형

독해 과정의 모형으로는 현재까지 상향식 모형Bottom-up Model, 하향식 모형Top-down Model, 상호작용 모형Interactive Model이라 불리는 세 모형이 제시되었다. 이하에서는 각각의 모형에 대해 살펴보고자 한다.

### 1) 상향식 모형 Bottom-up Model

상향식 모형은 간단히 말하면 전통적인 독해 활동이 의거해 온 독해 모형이다. 이 모형에 의하면, 독해 과정은 씌어 있는 문자를 일일이 따라가며 문자에서 단어, 단어에서 구, 구에서 문장, 문장에서 단락으로 독해를 해나가면서 최종적으로 쓴 사람이 말하고자 하는 의미를 바르게 재생해 가는 과정으로 파악된다. 이 모형은 문자에서 단락까지의 언어 체계를 한 단계씩 높여가면서 독해 작업을 진행해가는 점에 착안하여 상향식 bottom-up(아래에서 위로) 모형이라 명명되었다. 눈에 보이는 구체적인 것(인쇄된 문자)에서 눈에 보이지 않는 추상적인 의미(쓴 사람의 의도)에 이르는 일방적이고 선적linear인 모형이다.

이러한 모형에 의거한 구체적인 독해 지도를 생각해 보자. 우선 가장 작은 단위인 어휘에 초점이 맞춰진다. 학습자가 알지 못하는 어휘(미학습 어휘)에 주목해 그 의미를 가르치는 것에서부터 독해의 긴 과정이 시작된다. 우선 어휘 목록을 미리 건네주고 예습을 하게 하거나 혹은 교사가 구두로 설명한다. 다음은 구 차원에 초점이 맞춰진다. 교사는 구 차원에서 관용구 등의 해석 방식에 학습자의 주의를 집중시킨다. 그 다음이 문장 차원이다. 여기에서는 수식 관계나 지시사가 가리키는 것이 중심이 된다. 마지막으로 단락 차원에 이르러 의미해석이 완성된다.

그리고 이제까지의 과정을 정확히 이해했는지 점검하기 위하여 독해 문제comprehension check라는 형식으로 단어나 구의 의미, 문장이나 단락 전체의 관계에 대해 각종 질문을 한다. 만일 어딘가에 문제가 있어 충분히 답을 얻어내지 못하는 경우, 문제는 각 해독 장면 중 어딘가에서의 실패라는 식으로 생각된다. 어휘의 의미를 모르거나, 문형을 제대로 인식하지 못하거나, 대명사의 지시 관계를 파악하지 못하는 것 등이 실패의 원인으로 간주되어, 이러한 것들의 학습이 독립된 형태의 과제로 부여된다.

따라서 독해력을 키우기 위해서는, 다시 말해 숙달된 독자가 되기 위해서는 어휘를 늘리는 일, 문법을 정복하는 일, 접속 관계를 복습하는 일 등이 강조된다.

이 모형에 있어서 읽는 이는 기본적으로 수동적이다. 왜냐하면 의미는 씌어 있는 문자의 나열 안에 존재하는 것이고, 읽는 이가 의미해석에 관여할 여지는 남겨져 있지 않기 때문이다. 독해란 이른바 씌어 있는 의미를 회복하는 작업이며 따라서 누가 하더라도 같은 결과를 초래한다고 여겨진다. 읽는 이가 주체적인 역할을 수행하여 읽는 이의 읽기 방식에 따라 어느 정도 가변적인 의미가 성립할 수 있다는 가능성은, 이 모형 하에서는 고려되지 않는다.



〈hint〉제1언어로 씌어 있는 것을 읽는 행동에는 어떤 것이 있는가? 어느 하루를 정해 자신의 읽는 방식을 포함하여 관찰해 보자. 예를 들면 신문기사, 광고, 전단지, 잡지, 도로 표식, 식당 메뉴, 편지 등등. 또한 스포츠기사를 영자신문으로 읽을 경우와 모어로 된 신문으로 읽을 경우는 어떠한가? 읽기 방식에 차이가 있는가? 또 비에 젖어 몇 글자가 번져 버린 엽서는 어느 정도 읽을 수 있는가? 즉 의미를 알 수 있는가?

### 2) 하향식 모형 Top-down Model

Goodman이라는 미국의 언어심리학자는 상향식 모형을 비판하고 독해 과정을 이와는 정반대 방향의 것으로 생각하였다. 그는 독해를 심리학적 추측 게임psycholinguistic guessing game이라고 주장하였다(Goodman, 1976).

Goodman에 의하면, 독해란 읽는 이로부터의 능동적인 관여 특히 예측과 검증에 의해 비로소 가능한 것이다. 읽는 이는 텍스트(textbook이라는 의미의 텍스트가 아닌 일련의 문장 text라는 의미)에 접했을 때, 텍스트 내의 특정한 언어정보(예를 들면 제목, 표제어, 색인, 핵심어, 사진, 그림 등)를 힌트로 하여 텍스트의 내용을 예측한다. 이어서 그 예측을 텍스트가 지닌 언어정보(어휘, 구문, 의미의 3영역)에 비추어 검증하는 것, 즉 확인하거나 제외하거나 수정하는 과정을 통해 자기 나름대로 텍스트에 대한 의미를 완성해 간다.

바꾸어 말하면 독해는 읽는 이가 지닌 다양한 지식(언어나 사회일반에 관한 지식)에 의거한 예측에서 시작되어, 그 예측을 텍스트에 비추어 확인하는 과정이다. 그러므로 씌어 있는 모든 언어정보에 일일이 자세히 대응하는 식의 독해는 비효율적으로, 우수한 독자일수록 그와 같은 태도는 감소하며 (씌어 있는 것을 일일이 읽지 않고) 드문드문 읽어도 목적에 합치한 내용을 파악할 수 있다면 그것이 우수한 독자라고 여겨진다. 이 모형은 읽는 이의 머리 속에 있는 예측, 추측이라고 하는 추상적인 것top에서 텍스트의 문자로 내려간다는down 점에 주목하여 하향식 모형Top-down Model이라 칭해진다.

### a. 스키마schema 이론과 독해 전략

하향식 모형의 전개와 더불어 스키마 이론 및 독해 전략에 관한 연구가 활발히 이루어지게 되었다. 이들은 모두 [의미는 텍스트 자체에 있는 것이 아니라 읽는 이가 창출해 내는 것]이라는 관점으로, 읽는 이에게 초점을 맞추는 입장이다. 또한 이전과 전혀 다른 새로운 독해 교육의 시대를 개척했다는 점에서 획기적이었다.

우선 스키마 이론에 대해 살펴보자. 하향식 모형에서의 읽는 이는 독해에 있어 능동적인 역할을 행하는 것으로 여겨진다. 읽는 이는 독해를 하면서 예측을 세우고 그 예측을 검증하기 위해 텍스트가 지닌 언어정보를 음미한다. 그렇다면 읽는 이는 무엇을 근거로 예측하는 것일까? 그것은 언어에 관한 지식과 더불어 지금까지의 경험이나 학습결과, 획득한 배경지식 등이다. 따라서 독해는 상향식 모형에서 내세우는 것과 같이 지면상의 의미를 그저 회복하는 작업이 아닌 것이다. 그리고 누가 읽더라도 같은 결과를 초래하는 것이 아니며, 동일 텍스트를 읽더라도 읽는 이에 따라 다르게 의미를 해석하는 것도 가능하다고 여겨진다.

배경지식은 도식화되고 구조화된 지식의 틀이라는 형태로 존재하는데, 이 지식의 구조화된 틀을 스키마라고 한다. 하향식의 열쇠라고 할 수 있는 예측은 읽는 이가 지닌 스키마에 의해 행해진다. 독해와 관련된 스키마로는 언어 자체, 텍스트의 내용, 텍스트의 구조 등 다양하다. 독해의 대상인 텍스트가 한 문장으로 되어 있는 것도 없지는 않으나 이는 예외적인 것으로, 대부분은 많은 문장이 이어져 하나의 텍스트를 이룬다. 스키마는 문장의 나열에 구조를 부여해, 일정 이해에 달하기 위한 길잡이의 기능을 한다. 행간을 읽지 않으면 (특히 장문에서는) 의미를 알지 못한다고 하는데, 이와 같은 행간은 스키마를 이용함으로써 비로소 이해할 수 있게 되는 것이다.

### b. 스키마의 획득

우리들은 세상에 태어난 이래 주위의 물건이나 사람과의 교류를 통해 여러 가지 경험과 학습을 하고, 매일 경험하는 일이나 상황 등을 정합적으로 이해하기 위한 구조화된 지식의 틀, 즉 스키마를 키워 간다. 우리가 어떠한 것을 이해하려고 할 때, 그것은 우리가 이미 지니고 있는 스키마와 대조하고 확인하는 것을 통해 해석된다. 또한 새롭게 유입된 정보에 의해 기존의 스키마가 재구성되어 새롭게 다시 만들어진다.

이와 같이 스키마는 사회적·문화적인 것으로, 인간은 일정 사회 안에서 사회화하고 문화적 자기동일성을 획득해 가는 중에 그 사회적·문화적으로 인정된 스키마를 학습하여 자신의 것으로 만들어 나간다. 제2언어 학습자는 대부분이 성인으로 목표 언어·문화가 지닌 스키마와 다른 스키마를 이미 지니고 있다. 이 때문에 제2언어의 독해에 있어서는 제1언어에서의 독해와는 본질적으로 다른 문제, 즉 읽는 측이 가지는 스키마와 쓰는 측이 지니는 스키마 사이의 상이 혹은 어긋남으로 인해 문제가 생길 가능성이 있다.

그리고 스키마에 관해 또 다른 문제도 있다. 읽는 측과 쓰는 측 사이에 스키마 상의 차이가 없고 동일 스키마가 공유되더라도 독해가 성공리에 끝나지 않는 경우가 있다. 스키마가 있어도 그 스키마가 독해 과정에 충분히 적용되지 않을 수 있기 때문이다. 특히 제2언어의 독자는 독해에 대한 경직된 견해, 즉 [자신이 지니고 있는 스키마를 이용해서 의미를 해석하는 것은 제2언어의 독해로 옳지 않다. 왜냐하면 그 언어로 씌어 있는 것 자체를 이해했다고 볼 수 없기 때문]이라는 생각을 가지기 쉽다.

그래서 특히 제2언어의 독해에 있어서는 스키마를 활성화하여 스키마를 충분히 적용하는 것을 학습하는 것이 필요하다고 인식하게 되었다. 구체적으로는 스키마의 활성화와 적용을 중심으로, 어떻게 읽으면 보다 용이하게 의미해석을 할 수 있는가라는 관점에서 독해 전략의 중요성이 지적되었다.


### c. 독해 전략

독해 전략으로는 스키밍skimming(전체적인 내용을 파악하는 방식의 읽기), 스캐닝scanning(특정한 정보만을 취하는 방식의 읽기), 추론inferencing,

문맥적 추측contextual guessing, 예측prediction, 스키마의 활성화 등을 들
수 있다.

학습 전략은 크게 나누어 인지 전략과 메타인지 전략으로 나뉜다. 독
해에서의 인지 전략이란, 앞서 제시한 것과 같이 직접적으로 독해와 관련
된 전략을 말한다. 한편 메타인지 전략은 인지의 존재를 인지한다는 의미
로 사용되어, 인지 전략을 조작하는 전략을 말한다.

예를 들어 서점에서 책을 집어 그것이 자신이 원하는 정보가 들어있는
책인지 아닌지를 확인하고 싶을 때, 우리는 일단 차례를 읽는다. 그때 가
령 [스키마]에 대해 조사하려 했다면, 스키마라는 단어를 우선 차례 중에
서 찾아본다. 즉 여기에서는 전체적인 내용을 파악하는 식으로 읽는 스키
밍이 아니라, 다른 것은 건너뛰면서 [스키마]라는 단어만을 찾아가는 스
캐닝의 읽기를 행하고 있는 것이다.

메타인지 전략이란, 어떻게 읽는 것이 자신의 목적에 적합한가를 판단
하고 동시에 개개의 인지 전략이 특정 장면에서 효과적인가 아닌가를 모
니터하면서 그 결과를 평가하는 전략을 말한다. 따라서 인지 전략 그 자
체만으로는 도움이 되지 않으며 메타인지 전략과 조합하는 것이 요구된
다.

가령 인지 전략 중 정독뿐만 아니라 스캐닝도 중요시하여, 독해 시간
에 스캐닝에 주력하는 연습을 했다고 가정하자. 그 결과 학습자가 스캐닝
도 가능하게 되었다고 하자. 그럴 경우 중요한 것은, 어떤 텍스트를 어떤
목적으로 읽고자 하는가에 맞춰 스캐닝 전략을 사용할지 스키밍 전략을
사용할지를 판단할 수 있는지의 여부이다. 교사에게 스캐닝을 하라는 지
시를 받아 행하는 것과, 그런 지시가 없더라도 그것이 적절한지 아닌지를
스스로 판단해서 행할 수 있는 것과는 다르기 때문이다. 그러한 판단을
관장하는 것이 메타인지 전략이다.

〈hint〉초급 수준에서는 아는 문형이나 어휘가 지극히 적다. 이때 내용을 이해하기 위한 수단이 될 수 있는 문자 이외의 정보(도표, 사진, 그림 등)를 가미하는 것은 어떤가? 혹은 일상생활에서 낯익은 것, 백화점 광고나 주간지 광고, 슈퍼마켓 전단지 등을 사용하는 것은 어떤가?


### 3) 상호작용 모형 Interactive Model

#### a. 하향식 모형의 한계

하향식 모형에 근거하여 독해 지도가 행해질 경우, 독자가 지니고 있는 스키마를 실마리로 텍스트의 의미를 예측하는 것을 중심으로 독해 기능의 양성을 도모한다. 그로 인해 어휘나 문형을 한눈에 정확히 인식한다고 하는 상향식 기능의 양성이 경시되는 경향이 있다. 또한 어휘나 문형이 중시된다고 하더라도, 그러한 기능은 독서량을 늘리면 그 결과 자연적으로 획득되는 것으로 여겨져 왔다.

이러한 점에서 하향식 모형은 어휘나 문형에 있어 그다지 문제될 것이 없는 상급 학습자나 모어화자만을 위한 독해 모형에 지나지 않는다는 의문이 제기되었다. 제2언어 학습자의 경우, 제한된 어휘력 혹은 문법력이 전제된다. 그러한 학습자에게 있어서 하향식 모형은 독해 모형으로서 적절치 못하다는 비판이 있다.

제2언어 독자에 의한 독해 관찰을 통해, 독해를 성공적으로 이끌기 위해서는 어느 정도 문장 구조상의 지식과 어휘량이 획득되어 있지 않으면 안 된다고 하는 인식의 필요성이, 하향식 모형이 등장하기 이전과는 또 다른 의미에서 지적되고 있다. 언어능력이 낮은 단계에서는 제1언어에 있어 숙달된 독자라 할지라도 제2언어의 텍스트는 제대로 읽지 못한다. 그러나 언어능력이 높아지면 제1언어에서 숙달된 독자는 제2언어로도 역시 잘 읽을 수 있게 되는 데 반해, 제1언어에서 미숙한 독자는 제2언어 능력이 향상되더라도 잘 읽을 수 있게 되기 어렵다고 한다. 이것은 일정 언어능력이 갖추어진 단계에서 제1언어의 독해 능력이 제2언어로 전이 된다(역으로 어느 정도 언어능력이 갖추어지지 못하면, 제1언어의 독해능력은 제2언어로 전이되지 않는다)는 것을 시사한다. 또한 쉬운 문형만으로 이루 어져 있다 하더라도 미지의 어휘가 일정량 이상 포함된 문장은 이해가 불 가능하다. 영어문장의 경우, 100단어 정도의 텍스트 중에 5단어 이상 미 지의 단어가 있으면 그 텍스트의 내용을 파악하지 못한다는 보고가 있다.

이를 통해 어휘나 문법과 같이 상향식에 관계하는 능력이 독해에 있어 서 무시할 수 없는 존재라는 것을 알 수 있다. 따라서 제1언어와 제2언어 독자 간의 전반적인 언어능력의 차에서 기인하는 이러한 상이에 주목한 독해 모형을 생각할 필요가 있다는 인식이 생겨났다. 그리고 하향식 모형 에서 경시되기 쉬운 상향식의 기능을 독해 모형 안에 당당히 자리매김하 는 것을 목표로 하여, 특히 제2언어의 독해 모형으로서 상호작용 모형 Interactive Model이 제창되었다.

### b. 상호작용 모형의 등장

상호작용 모형에는 여러 가지가 있다. 공통적인 것은 텍스트에 씌어 있는 문장과 읽는 이의 인지적 활동이 동시에 상호작용함으로써 독해 과 정이 구성된다는 점이다. 다시 말해 독해를 상향식(씌어 있는 문장에서 인 지 활동으로) 혹은 하향식(인지 활동에서 씌어 있는 문장으로)과 같은 일방적 과정으로 보지 않고, 양자의 상호작용에 의한 과정이라고 보는 점이 특징 적이다.

　가장 대표적인 상호작용 모형으로 Stanovich의 보상 모형Compen-satory Model을 들 수 있다. 이 모형은 독해를 어휘나 문법 구조를 자동적으로, 즉 시간을 들이지 않고 인식·이해할 수 있다고 한 상향식의 기능과, 이를 둘러싼 스키마를 재빨리 발동시켜 예측을 세운다고 한 하향식의 기능이 상호 보상적으로 행해가는 과정으로 보는 관점이다(Stanovich, 1980). 가령 언어능력이 낮은 단계에서는 상향식으로 하려 해도 그에 합당한 언어능력이 전반적으로 부족하므로 그 대신 하향식으로 보완하여 독해를 성공적으로 이끈다. 한편 제1언어의 독자라도 텍스트의 내용을 전혀 알지 못할 경우는 하향식으로 할 수 없으므로 언어정보에 의존하여 읽는 일도 있다. 즉 상향식과 하향식 사이에서 강한 것이 약한 것을 보상하는 방식으로 읽는다는 것이다.

　또한 전술한 바와 같이 상향식과 하향식 모형은 공히, 방향은 다를지언정 어느 한쪽 방향으로 진행됨으로써 독해가 완성된다고 하는 점에서 선적linear인 모형이라고 할 수 있다. 이에 비해 상호작용 모형은 어느 차원·요소·영역 사이에 있어서도 상호작용하거나 혹은 강한 것이 약한 것을 보완해 가면서 독해가 이루진다고 여긴다. 가령 어휘와 구문 차원에서 상호 피드백을 함으로써 가설의 검증·수정·재설정과 같은 왕래가 이루어진다. 그리고 인지 차원인 스키마에 의한 예측과 구문 차원 사이에서도 상호 피드백이 행해진다.

　이상 세 가지 독해 모형을 간략히 소개하였다. 이들 모형은 독해를 학습자와 텍스트와의 관계에서 생각한다. 그러나 독해는 사회적인 측면을 지닌다는 점도 고려될 필요가 있다(Street, 1993). 즉 무언가를 읽는다는 것이 사회적으로 어떤 기능을 가지고 있는가 하는 점이다. 씌어 있는 것을 사용해서 사람들은 어떠한 일을 하고 있는 것일까? 그것은 문화에 따라 다양할 것이다. 제2언어 학습자의 경우, 사회적으로 무엇을 할 수 있는가 라는 것도 모어·모문화에서의 그것과 비교하며 배워가게 된다.

이러한 논의를 포함하여 정리해 보면, 독해는 ① 씌어 있는 문자, 구문, 문장, 어휘에 관한 지식, ② 전략(인지 및 메타인지), ③ 읽는 목적, 특히 사회적인 관점에서의 목적이라는 세 가지가 상호 연관된 형태로 이루어지는 것이며, 또한 각각에 대해 읽는 이가 어느 정도 제1언어에서 교육을 받고 독해에 관한 기능에 숙달되어 있는가가 영향을 미치는 것이라고 생각할 수 있다.

이러한 점에서 일본어의 독해 교육을 생각해 볼 때, 어떠한 시사점을 얻을 수 있겠는가?

## (2) 읽기의 숙달 – 읽기를 어떻게 가르칠 것인가?

독해 활동의 성과가 좀처럼 오르지 않거나 혹은 숙달되지 않을 경우 어디에 문제가 있는 것일까? 지금까지의 독해에 관한 연구 성과에 근거하면, 다음과 같은 각도에서 생각해 볼 수 있다.

① 읽는 양
② 문자, 어휘, 구문, 문장에 관한 지식
③ 전략
④ 읽는 목적
⑤ 제1언어의 활용

이를 다른 관점에서 생각해보면, 독해의 숙달을 목표로 할 경우 위의 5가지에 유의한 학습디자인이 요구된다고 할 수 있다. 제2언어로 씌어 있는 것을 읽고 이해하기 위해서는 물론 어느 정도의 제2언어 능력, 즉 위의 ② 문자, 어휘, 구문, 문장에 관한 지식이 필요하다. 그러나 이것이 어느 정도 언어능력이 획득될 때까지 독해 활동을 도입해서는 안 된다는 것을 의미하지는 않는다. ③ 전략 및 ④ 읽는 목적과 관련되기 때문이다.

예를 들어 무엇을 위해 읽는가(목적), 어떻게 읽는가(전략)라는 점을 고려함으로써 ② 문자, 어휘, 구문, 문장에 관한 지식에 대한 요구를 보다 낮게 책정할 수 있다. 가령 슈퍼마켓 전단지나 통신판매 상품안내서를 보고 주어진 조건의 상품을 찾는 경우를 생각해 보자. 일반적으로 성인의 경우 [슈퍼마켓 전단지나 통신판매 상품안내서를 보고 주어진 조건의 상품을 찾는다]라는 과제 자체는 일상적으로 낯익은 것이다(모국에서 그와 같은 경험이 없을 경우는 신스키마라는 점에서 구별하여 생각할 필요가 있다). 그리고 목표로 하는 상품만을 파악하는 스캐닝의 전략을 이용한다면 어려운 언어지식의 여부는 문제가 되지 않는다. 다시 말해 그다지 어려운 언어능력이 요구되지 않는 독해 과제를 설정하는 것은 가능하다. 특히 대상이 되는 학습자가 제1언어로 충분한 교육을 받았거나 씌어 있는 것을 사용해서 행하는 과제를 일상적으로 행하게 하는 경우에는 독해 과제 달성을 위한 제2언어 능력이 낮아도 무방할 것이다.

씌어 있는 것을 이용해 일상적 상황에서 여러 가지 일을 할 수 있다는 것, 이것이 독해의 목표이다. 따라서 긴 텍스트를 읽는 것은 그러한 것의 일부분임을 확인할 필요가 있다. 제2언어 능력이 향상되면서 장문 독해 부분이 증대해 가는 것으로 생각하는 것이 좋다.

이상을 정리하면, 독해력 양성을 위한 청사진은 다음과 같이 그려볼 수 있다.

우선

- 많은 양을 읽음으로써, 씌어 있는 것을 읽는다는 것에 대한 기초를 다진다(앞의 ①).

동시에

- 독해 과제에 대해 궁리하면서, 독해의 성공경험을 축적한다(앞의 ③, ④, ⑤). 이 경우 독해 과제는 일상생활에서 씌어 있는 것을 사용하여 행하는 다양한 과제로 하고, 언어능력에 맞춰 요구되는 언어지식을 가감한다.

한편으로는

- 제2언어의 기본적인 지식, 특히 독해와 관련되는 상향식 기능의 향상을 도모한다(앞의 ②).

이하에서는 위의 세 가지 점에 대해 구체적으로 검토하기로 한다.

### 1) 읽는 양의 확보―개인 독해와 소집단 독해의 통합

과제 ■ 외국어로 읽는 능력을 향상시키고자 할 때 많이 읽어야 한다고 하는데, 많은 양을 읽음으로써 무엇을 획득할 수 있다고 생각하는가? 또 어떻게 하면 많은 양을 읽을 수 있는가?

상향식에 관한 기능과 하향식에 관한 기능 모두 긴 안목으로 본다면 일정량을 읽어야만 획득이 가능한 것이다. 독해능력 양성을 목표로 작성된 다양한 연습문제는 읽기 자체에 비하면 보조적인 것으로, 이것이 독해 자체를 대신할 수 없다. 적은 텍스트를 읽고 많은 연습문제에 답하는 형식의 교실 활동이나 교재는, 일괄적으로 말할 수는 없으나 기본적으로 바람직하지 않다. 독해 클래스의 디자인에 있어 독해능력은 읽기를 통해서만이 익혀진다는 것을 염두에 두고, 읽기 자체를 클래스 활동의 중심으로 삼아 학습자에게 읽는 양을 충분히 부여하는 것이 중시되어야 한다. 여기에서는 [많은 양을 읽는다], 즉 읽는 양의 확보를 개인 독해와 소집단 독해라는 두 종류의 독해를 통해 어떻게 진행할 것인가에 대해 살펴보기로 한다.

많은 양을 읽기 위해서는 텍스트 자체의 목적에 맞는 독해 활동이 중요하다. 잡지의 오락기사와 신문의 사설은 씌어진 목적이 다르므로 당연히 읽는 방식도 달라진다. 일본어 공부에 도움이 된다고 해서 텍스트를 처음부터 끝까지 어휘, 구문, 사용법, 해석에 이르기까지 꼼꼼하게 읽는다면 많은 양을 읽는 것은 불가능하다. 예를 들어 모어화자의 경우, 기사에 따라 다르지만 신문은 일반적으로 속독을 하며 소설도 마찬가지이다. 그렇다고 한다면 제2언어의 독자도 신문이나 소설을 텍스트로 하는 독해에서는 가능한 한 빨리 읽도록 해야 한다.

독해에 관한 연구에 의하면, 관심이 있는 것이나 자신과 관련성이 있는 것은 양적으로 많이 읽을 수 있으며 그러는 중에 독해의 기능이 효율적으로 양성된다고 한다. 흥미 있는 주제, 자신의 생각이나 생활과 밀접한 것에 대해 씌어 있는 것을 읽을 때는 무의식적으로 스키마를 활성화해서 예측하게 되고 그 예측을 검증하면서 읽게 된다.


### a. 개인 독해의 장점과 문제점

학습자가 개인적으로 읽는 개인 독해 코스에 대해 생각해 보자. 학습자는 자신이 좋아하는 것을 스스로 골라 자신에게 맞는 속도로 자유롭게 읽는다. 교사는 텍스트 선정에 있어 상담에 응하거나, 독해 중에 학습자가 부딪히는 문제에 대해 학습자가 조언을 구하면 그에 응하기도 한다. 학습자는 흥미나 관심을 가지고 밀도 높은 독해를 지속할 수 있기 때문에, 그 과정에서 여러 가지를 학습할 수 있다. 그중에서도 다음의 세 가지는 개인 독해의 장점으로 꼽힌다.

첫째, 어휘의 비약적인 확대가 가능하다. 어휘에는 아무 불편이 없을 정도로 의미나 용법을 100% 숙지하고 있는 사용 어휘와, 이해는 할 수 있으나 자유롭게 사용할 수 있을 정도로 의미나 용법에 확신이 없는 이해 어휘, 그리고 의미도 용법도 잘 알지 못하는 의미불명 어휘의 세 종류가 있다. 동일어를 다른 문맥에서 여러 차례 접하면 처음에는 의미불명 어휘였던 것이 이해 어휘로 되고 나중에는 사용 어휘로 바뀌는 어휘 획득의 과정을 겪는다. 따라서 어휘학습의 열쇠는 동일 어휘를 다른 문맥에서 가능한 한 빈번히 간격을 두지 않고 접하는 것이다.

이런 점에서 볼 때 동일한 주제의 것을 대량으로 읽는다는 것은 어휘학습에 있어 최적이라고 말할 수 있다(Krashen & Terrell, 1983). 주제가 같을 경우에는 공통적으로 쓰이는 어휘가 많아지고, 독자의 입장에서 본다면 동일 어휘에 자주 접할 수 있게 되기 때문이다. 또한 독해를 통해 의미불명 어휘에서 이해 어휘로 가는 과정을 겪은 어휘는, 어휘의 사전적 의미를 암기하는 것에 의해 기계적으로 획득된 어휘와 달리 주제와 관련되는 스키마도 동시에 획득해 가는 것으로 생각되므로 다양한 상황으로 전이 가능한 어휘, 즉 사용 어휘로의 비약이 비교적 용이할 것으로 추측된다(中条·岡崎·岡崎, 1992). 동일한 주제의 것을 단기간에 대량으로 읽는다는 것은 (소집단 독해나 교사 주도의 클래스 전체의 독해에서도 불가능하지는 않으나), 개인 독해에서 가장 무리 없이 해나갈 수 있는 방식이다.

둘째, 학습자가 자기 자신을 잘 알 수 있게 된다. 학습자 개개인이 읽을 텍스트를 자유롭게 정하는 것에 대해 생각해 보자. 학습자는 읽고 싶은 것을 선정하는 데 있어, 자신이 실제로 무엇에 관심이 있는가를 골몰히 생각하게 되는 일도 경험한다. 자신의 관심이 무엇인지를 아는 것이 나아가 그 관심사에 대해 더욱 잘 알기 위해서 읽는다는 동기를 만들어낸다. 이렇게 해서 자발적으로 스스로 행하는 자율적 학습이 가능하게 된다.

셋째, 무엇보다도 독해가 큰 무리 없이 좋아지게 된다. 좋아하는 것을 마음껏 읽어가면서 나름대로 어떻게 읽으면 좋을지를 궁리하게 된다. 또한 관심 있는 것을 읽기 때문에 열중하고 궁리하면서 읽는 중에, 다른 사람에 의해 준비된 반강제적인 것이 아니라 독자적인 자기 나름의 의미의 세계를 창조해가는 독해의 즐거움을 맛볼 수 있게 된다.



그러나 이와 같은 개인 독해에는 문제점도 있다. 우선 학습자가 자유롭게 좋아하는 것을 고르기 위해서는 상당량의 도서가 전제되어야 하나, 대부분의 현장에서는 예산상의 어려움이 있다. 그리고 개인 독해에서는 소집단 활동이 어려워진다는 점, 경우에 따라서는 학습자의 학습 동기가 지속되기 어렵다는 점도 들 수 있다. 읽기를 원래 좋아하는 일부 학습자를 제외한다면, 개인 독해를 계속하기 위해서는 학습자 측의 상당한 노력이 요구된다. 모든 학습자가 (모어에서) 숙달된 우수한 독자인 것은 아니며, 반대로 읽기와 무관한 생활을 해온 경우도 있을 수 있다. 한편 모어에서 숙달된 독자라 하더라도 제2언어에서 우수한 독자가 되기 위해서는 어느 정도 시간이 걸린다. 학습자가 받아온 과거의 교육 제도에 따라서는 교사의 관리에서 벗어난 상태에서 학습 동기를 유지하는 것이 어려울 수도 있다.

### b. 소집단 독해의 장점

우선 소집단 활동에 대해 알아보도록 하자. 어떤 학습에 있어서도 타인의 다른 시점이 도입되면 새로운 학습 과정이 유발되기 쉽고, 또 학습의 폭이나 깊이의 확대가 기대된다. 이런 점에서 볼 때 일본어 교실에서도 소집단 활동은 풍부한 가능성을 제공할 수 있다. 독해 클래스에 있어서도 혼자서 읽을 때는 알 수 없었던 것이 누군가와 함께 읽음으로써 알게 되는 경우가 있다. 하나의 텍스트를 대상으로 여러 사람이 각자 나름대로 창조한 의미를 가져옴으로써 새로운 의미 창조가 가능해진다. 이처럼 소집단 독해에서는 보다 심도 있고 폭넓은 독해가 가능하다.

또한 독해를 언어교육의 일환으로 볼 경우에는 독해를 다른 기능과 관련시켜 통합적으로 다루는 것이 지향된다. 여기에서도 소집단 활동은 큰 기능을 발휘한다. 소집단으로 읽는 경우에는 읽은 내용에 대해 구체적인 상대방을 향해 직접적으로 말하거나 쓴다든지, 혹은 반대로 다른 사람이 읽은 성과를 듣거나 질문할 수 있기 때문이다.

### c. 개인 독해와 소집단 독해의 통합

이와 같은 개인 독해와 소집단 독해의 각각의 특징을 고려하여, 많은 양을 읽기 위한 독해 코스로 개인 독해와 소집단 독해를 병행하는 방식을 생각할 수 있다. 이 경우 한편으로는 개인 독해를 통해 읽어 나갈 수 있는 주제를 조금씩 만들어가며 진행하는 동시에, 또 한편으로는 소집단의 전체적인 뜻에 따라 공통으로 읽는 텍스트나 읽는 방식을 정한다. 목표는 가능한 한 많이 읽는 것과, 만일 가능하다면 각자의 인생관이나 세계관까지 심도 있게 논의할 수 있도록 하는 것이다.

개인 독해에서 읽어가는 주제는, 개인적으로 명확한 주제를 가진 경우는 그것을 적극적으로 권하고 정기적으로 내용 요약이나 읽고 생각한 것을 소집단에서 보고하도록 한다. 개인적으로 명확한 주제를 가지지 못한 경우에는, 소집단 독해에 따라 읽어 나가다가 그중에서 조금씩 관련 있는 주제를 정해가는 식으로 한다. 또한 소집단에서 보고된 타인의 개인 독해의 결과를 듣고 관심 대상을 넓혀가도록 한다.

## 2) 독해 성공경험의 축적 – 선행 과제, 독해 그 자체, 후속 활동

이상을 정리하면, 독해력 양성을 위한 전체상은 다음과 같이 나타낼 수 있다. 우선 많은 양을 읽음으로써 씌어 있는 것을 읽는다는 것에 대한 기초를 다진다(① 읽는 양). 동시에 독해 과제에 대해 궁리하면서 독해의 성공경험을 축적한다(③ 전략, ④ 읽는 목적, ⑤ 제1언어의 활용). 이 경우 독해 과제는 일상생활에서 씌어 있는 것을 사용하여 행하는 다양한 과제로 하고, 언어능력에 맞춰 요구되는 언어지식을 가감한다. 한편으로는 제2언어의 기본적 지식, 특히 독해와 관련되는 상향식 기능의 향상을 도모한다(② 문자, 어휘, 구문, 문장에 관한 지식).

> **과제** ▮ 숙달된 독자의 조건 중 하나는, 읽는 목적에 맞는 읽기 방식을 택할 수 있다는 것이다. 다시 말해 무엇을 위해 읽는가라는 목적을 우선 생각하고, 그 목적에 맞춰 읽기 방식을 조정하기 위해 적절한 전략을 사용할 수 있다는 것이다. 구체적으로는 어떤 전략이 있고, 그것은 어떻게 획득되는 것일까?

앞서 살핀 바와 같이, 독해에 대한 견해 중 모어화자·비모어화자를 불문하고 의미는 텍스트 속에 존재하는 것이라고 보는 시각이 있다. 독해를 할 때 자신이 이미 획득하고 있는 지식이나 과거의 경험 등에 의존하지 않고, 자신의 머리를 텅 빈 상태로 두어 텍스트에 충실하게 씌어 있는 것에서만 내용을 파악해야 한다고 하는 입장이다.

이러한 견해를 강하게 의식하고 읽을 경우, 아무래도 한 단어 한 단어의 의미이해를 중시하게 되고 동시에 모든 단어에 같은 비중을 두고 읽는 태도를 강화하게 된다. 그렇게 되면 특히 어휘력이나 문법력이 약한 초급이나 중급 수준에서는 모르는 단어나 문형에 부딪힐 때마다 혼란에 빠져, 결국 전체의 의미를 파악하지 못하고 독해에 실패하는 일이 많아진다. 이와 같은 방식을 취하는 학습자의 경우에는, 하향식에 관한 기능이 독해에 있어서 중요한 역할을 한다는 것을 이해하고 그것에 익숙해짐으로써 독해학습의 새로운 가능성을 경험할 수 있도록 하는 것이 중요하다. 즉 미숙한 제2언어 능력을 다른 것으로 보완하여 독해 과제를 달성하는 것을 목표로 설정한다. 이를 위해서는 독해 전략을 적절히 사용할 수 있어야 한다. 이 경우 무엇으로 보완할 것인가? 가령 제1언어로 읽고 쓸 수 있는 성인이라면, 제1언어에서 획득한 읽고 쓰는 것에 관한 기능이나 기타 배경지식과 같이 일반적으로 하향식의 자원으로 여겨지는 것들이다.

이하에서는 하향식 기능을 중심으로 읽기에 숙달되기 위해 필요하다고 여겨지는 독해 전략에 초점을 맞추어, 어떻게 독해 활동을 디자인하면 좋을지에 대해 검토한다.

디자인의 열쇠는 독해 활동의 3단계화이다. [독해할 텍스트를 부여해서 일단 읽게 하고, 다 읽고 나면 미리 준비된 질문에 답하게 하여 내용을 이해했는지 점검한다]와 같은 활동 형식에는 한계가 있다. 따라서 텍스트를 읽기 전에 읽는 목적을 명확히 하여 필요한 스키마를 활성화하거나 목적에 맞춰 독해 전략을 선택할 수 있도록 하는 것 등을 지향하는 선행 과제, 전략을 사용하면서 읽는 방식을 추구하도록 하는 독해물, 텍스트를 읽은 후의 신스키마의 통합이나 의사결정 등을 목표로 하는 후속 활동과 같이, 3단계로 독해 과제에 도전해서 독해에 성공하는 경험을 쌓아가는 것을 목표로 한다. 이 과정을 도식화하면 다음과 같다.

독해 = 선행 과제pre-task + 독해 그 자체 + 후속 활동follow up

이하에서는 각각의 단계에 대해 살펴보기로 한다.

a. 선행 과제 ─ 읽는 목적의 명확화, 신스키마의 형성·기존스키마의 활성화

무슨 목적으로 읽는가, 혹은 읽고 무엇을 할지가 우선 학습자 자신의 내부에서 명확하게 정해지지 않으면 안 된다. 이것이 읽는다고 하는 언어 행동의 출발점이다. 그 출발점을 만드는 것이 선행 과제의 가장 중요한 역할이다.

> **과제** ■ 제2언어 능력이 충분하지 않은 초급 수준의 독해 과제를 생각해 보자. 어떤 목적을 설정할 수 있는가? 생각나는 것을 들어 보자.

초급 수준의 독해 과제로는 일반적으로 간단한 문장을 텍스트로 하여 문맥 중에서의 문형이나 어휘의 이해를 지향하는 방법이 행해진다. 그러나 일본 국내에서 배우는 학습자는 물론 해외에서 배우는 학습자의 경우에도, 독해란 씌어 있는 것을 사용해서 할 수 있는 일을 최대한 늘려가는 것이 목표가 되어야 한다. 문장을 그저 읽는 것만을 독해로 한정짓는 것은 편파적이다. 제2언어로 달성할 수 있는 생활상 문제(과제)의 종목을 늘려갈 필요가 있다. 또한 그것이 제2언어와의 접촉을 늘리고 제2언어 능력을 신장시키는 것으로 이어진다.

이하에서는 초급 수준의 학습자가 씌어 있는 것을 사용해서 할 수 있는 과제의 예이다.

- 백화점의 매장안내도에서 특정 상품의 매장이 있는 층을 찾는다.
- 서로 경쟁하는 슈퍼마켓의 전단지를 비교하여 싼 쪽을 찾는다.
- 신문의 TV편성표에서 특정 프로를 찾는다.
- 소형 전화번호부를 사용하여 전화번호를 찾는다.
- 남겨진 메모를 보고 무언가 행동을 한다.
- 영수증을 보고 틀린 곳이 없는지 점검한다.

• 인터넷의 사용요금을 회사별로 비교하여 어느 쪽이 특정 목적을 위해
좋은지 정한다.

이 외에도 일상생활의 상황을 일일이 검토해보면, 다양한 목적으로 씌어 있는 것을 이용하면서 생활하고 있음을 알 수 있을 것이다.

이러한 목적을 일단 이해하면 다음에 문제가 되는 것은 학습자가 이미 모어인 제1언어로 어느 정도의 배경지식, 즉 각각의 스키마를 지니고 있는가 하는 것이다. 위의 백화점 매장이나 슈퍼마켓의 전단지, 신문의 편성표 등은 그 어느 것도 전 세계 공통이라고는 할 수 없다. 전혀 다른 경우도 있고 비슷한 경우도 있다.

이제 기존스키마의 활성화나 신스키마의 형성이 선행 과제의 다음 문제가 된다. 독해 모형의 부분에서 언급한 바와 같이, 독해 과정의 기본은 독자 자신이 가진 스키마를 적용해서 의미를 창출하는 것이다. 모국 문화와 목표 문화 사이에는 서로 공유되는 스키마도 있고 그렇지 않은 스키마도 있다. 쓴 사람과 읽는 사람 사이에서 필요한 스키마가 공유되지 않을 경우에는, 우선 쓴 사람이 상정하고 있는 스키마를 입수하지 않으면 안 된다(신스키마의 형성). 그리고 양자에게 있어 스키마가 공유되는 경우라도 기존스키마를 의식적으로 적용해서 읽을 수 있도록 읽기 전에 기존스키마를 의식화할 필요가 있다(기존스키마의 활성화).

그렇다면 신스키마의 형성과 기존스키마의 활성화는 어떻게 이루어지는 것일까? 생활 속에서 경험을 통해 얻거나, 교사가 직접적으로 가르치거나, 우발적인 경험에 맡기거나, 명시적으로 알려 주거나, 암시적으로 주어 학습자에게 귀납하게 하는 등 다양한 가능성이 있다. 어떻게 하는 것이 가장 효과적인지에 대한 연구가 충분하지 않은 현 상황에서는, 다양한 방법을 현장에서 행하면서 효과의 정도를 관찰해야 할 것이다. 단 다음의 사실은 명확하다.

선행 과제에서 신스키마의 형성과 기존스키마의 활성화가 이루어져야 한다. Carrell은 다음과 같은 활용 예를 들고 있다(Carrell, 1988:245-저자 역).

**텍스트의 화제와 관련성이 있는 :**

    강의를 듣는다.

    영화, 슬라이드, 그림 등을 본다.

    현장을 견학한다.

    토론, 토의, 연극, 역할극 등을 한다.

    어휘의 연상 놀이, 유추나 비유 등으로 비교한다.

    텍스트의 개략, 주요 어휘, 구성 등을 간단히 소개한다.

전술한 초급 수준을 대상으로 한 예에서는, 실제의 전단지나 방송 편성표 등을 보면서 각각의 구성이나 그것으로 사람들이 현실적으로 무엇을 행하고 있는가를 학습자에게 알게 하는 활동을 생각할 수 있다.

이러한 활동을 통해 학습자는 텍스트의 의미를 파악하기 위해 자신이 가지고 있는 어느 스키마에 의존해야 하는지, 어떠한 것을 새롭게 받아들여야 하는지 등을 생각할 수 있다. 이와 같은 선행 과제를 행함으로써 학습자에게 스키마를 활용하여 읽는 것의 동기를 유발시키고, 실제로 활용할 기회를 부여한다. 이러한 준비 없이 즉시 텍스트를 읽게 하고, 그리고 읽은 후에 이해했는지 아닌지를 묻는 질문에 답하게 하는 방식으로는 스키마를 이용하여 읽고자 하는 태도를 기르기 어렵다.

이렇듯 선행 과제는 독자가 읽는 목적을 명확히 자각하고 그 목적 하에 기존스키마를 활성화하거나 신스키마를 형성하여, 전략을 사용하면서 읽는 것에 대한 동기를 유발시키는 기능을 지닌다.

어휘학습은 어휘의 사전적 의미뿐만 아니라 배후에 있는 스키마, 그 어휘가 사용되는 문맥과의 관계를 고려하면서 총체적으로 학습하는 것이 바람직하다. 선행 과제로 어휘학습을 행할 경우의 유의 사항으로는, 우선 말의 사전적 의미뿐만 아니라 배경지식(스키마)을 동시에 다루어야 한다는 것이다(Carrell, 1988). 그리고 신출·기출에 상관없이 앞으로 읽을 텍스트의 의미이해를 위해서 핵심이 되는 어휘(핵심어)를 대상으로 해야 한다는 것이다.

텍스트를 읽기 전에 어휘 목록을 부여하는 방식의 어휘학습은 일본어교육 현장에서도 흔히 볼 수 있는 독해 전 활동이다. 이러한 어휘학습의 경우, 목록화된 어휘의 배후에 있는 스키마의 학습도 아울러 하는 것으로 텍스트의 의미이해를 도울 수 있다.

### b. 독해 그 자체 – 예측과 검증, 미지의 어휘·문형 추측

제2단계는 선행 과제에 이어지는 독해 그 자체, 즉 읽기와 관련된 활동이다. 여기에서는 학습자 개개인이 예측을 세워 그 예측을 검증하는 식으로 읽어나갈 수 있도록 조력하는 것이 중요하다. 다시 말하면 5W1H 전부를 두루 묻는 식의 초점이 잡히지 않은 질문을 하거나 문형을 묻거나 하지 않는 것이다. 그럴 경우 학습자의 집중이 분산되어 예측–검증 방식의 독해가 이루어지지 않기 때문이다. 예측–검증의 독해 방식을 촉진하기 위한 구체적인 활동으로 Carrell은 다음과 같은 것을 들고 있다(Carrell 1988:249~250-저자 역).

- 텍스트 전체를 한번에 전부 보여주지 않고 조금씩 주어(예를 들면 한 문장씩, 한 단락씩으로 나누어서) 다음에 무엇이 올지를 예측하게 한다.
- 처음과 마지막 단락(문장)만을 주고, 그 사이에 무엇이 올지를 예측하게 한다.
- 순서 없이 나열된 단락(문장)을 원래의 바른 순서로 고치게 한다.
- 순서 없이 나열된 두 텍스트의 단락을 각 텍스트의 원래의 순서로 고치게 한다.
- 빈칸 메우기(cloze법)

이 외에 일본어교육의 현장에서 자주 사용되는 것으로 다음과 같은 것이 있다.

- 제목(책, 장, 절 등)이나 색인을 바탕으로 텍스트를 읽으면 답할 수 있는 질문을 만든다.
- 한 단락이 누락된 텍스트와 누락시킨 단락을 주어 원래의 장소에 넣게 한다.

이들은 모두 학습자가 예측-검증이라는 독해 방식을 필요로 하도록 유도하는 것임에 주의해야 한다. 이와 같은 독해 방식을 경험함으로써 단어나 문자를 하나하나 막연히 쫓는 것이 아니라 예측을 세우고 그 예측을 검증하기 위해, 즉 능동적으로 읽는 독해 방식을 학습할 수 있다.

문맥에 의거하여 미지의 어휘나 문형의 의미를 추측하는 능력을 키우기 위해 사용되는 빈칸 메우기(cloze법)에 대해 좀 더 알아보도록 하자. 이것은 본래 독해력 테스트를 위해 개발된 것이다. 텍스트 전체의 4분의 1 정도는 그대로 두고 나머지에 대해 규칙적으로(예를 들어 다섯 단어마다 하나씩) 공백(   )을 두고, 전후 관계의 문맥이나 스키마를 활용해서 (   )

를 채워 가는 것이다. 이 경우 채운 단어가 본래의 텍스트에 사용된 것과 완전히 일치할 필요는 없다. 의미상으로 비슷하면 그것으로 만족하고, 또한 쓰는 단계에서의 오류(한자 등)는 독해상의 문제가 아니므로 무시해도 무방하다.

이와 같은 활동에 있어서는 학습자가 어떤 예측을 세우고 어떻게 빈칸을 채웠는가를 가능한 한 많은 학습자에게 밝히게 하는 것이, 학습 과정을 자각하게 하는 데 중요하다. 답이 맞았는지 틀렸는지는 부차적인 것이다. 자칫 이러한 활동이 OHP 등을 사용하면서 교사를 중심으로 한 클래스 전체의 활동으로 이루어지기 쉬우나, 일제 수업이 아닌 개개인의 학습자가 자신의 경우를 일일이 구체적으로 보고할 수 있게 소집단 혹은 짝 활동으로 하는 것이 효과적이라 생각된다.

### c. 후속 활동 - 스키마 정리 · 통합, 의사결정

제3단계는 후속 활동follow up이다. 이는 텍스트를 읽음으로써 새롭게 획득한 정보를 기존스키마에 통합하거나 독해 과정에서의 의사결정 사항(미습 어휘의 추측 결과 중 어느 것을 택할지, 스캐닝이나 스키밍 중 어느 쪽으로 읽을지)을 확인하는 것을 목표로, 읽은 후에 행해지는 활동이다. 구체적인 예로는 다음과 같은 것이 있다.

- 각자가 독해 과정에서 행한 의사결정을 비교한다.
- 이해한 것을 행동으로 바꿔본다.
- 각자의 이해를 서로 표출하고 대화한다.
- 자신들의 해석을 문장으로 만들어본다.
- 텍스트에 따라서는 자신이 설정한 가설을 텍스트 내용에 비추어 검증하거나, 반대로 자신이 설정한 결론에 대해 증거를 들어 증명한다.
- 텍스트의 내용을 자신의 경험이나 사고방식의 구체적인 예 혹은 전형적

인 예와 연관시키거나, 자신의 사고의 틀을 새롭게 구축한다.

- 읽은 것을 소재로 하여 토론이나 역할극을 한다.

이상과 같이 독해 활동을 세 단계에 걸쳐 행함으로써, 학습자는 자신이 가지고 있는 배경지식을 비롯한 다양한 자원이 독해에 있어 도움이 된다는 것을 경험할 수 있다. 즉 언어지식이 그다지 많지 않은 단계에서도 읽을 수 있으며 읽고 무언가를 할 수 있다는 성공경험을 쌓을 수 있게 된다. 또한 독해가 씌어 있는 것을 대상으로 하는 고독하고 수동적인 작업이 아니라, 다른 사람과도 관련이 있으면서 다른 언어행동과도 연관된 엄연한 사회적 활동이라는 것을 체득할 수 있다.

> **과제 ▋** 중급 후반 정도에서 시작되는 여러 문장으로 된 텍스트를 대상으로 하는 독해에 있어서, 텍스트의 구조에 관해 특히 주의해야 할 것은 무엇인가?

〈hint〉 텍스트의 선택 시 우선 주제를 고려해야 한다. 학습자가 흥미를 가지고 잘 알고 있는 것이 바람직하다. 물론 학습자의 배경지식을 이용할 수 있기 때문이다. 잘 알고 있는 것은 읽기 쉽다. 텍스트 선택에 있어 다음으로 고려해야 할 것은 텍스트의 구조이다. 예를 들어 기술·나열형의 구조를 가진 텍스트와 비교·대조형과 같이 명확한 구조를 가진 텍스트를 보았을 때, 후자 쪽이 읽기 쉽다고 한다(菊池, 1997). 따라서 언어 수준이 낮은 학습자의 부담을 덜어주기 위해서는 비교·대조형이나 인과형 등과 같이 구조가 확실한 텍스트를 사용하는 편이 학습자에게 성공경험을 쌓게 하기 쉽다고 할 수 있다.

### 3) 상향식 기능의 양성 – 순간적으로 의미내용을 파악하는 능력



〈hint〉 4기능을 거의 동시에 도입하는 방식으로 일본어 문자인 가나仮名나 한자를 초급의 초반부터 가르치는 것이 있다. 가령 도입한 문형을 동시에 읽고 쓸 수 있도록 하는 것이다. 언어행동은 본래 4기능으로 나누어져 있다기보다는 종합적으로 사용된다. 문형을 정착시키는 데 읽기와 쓰기를 함께 하면 효율적이라는 측면도 있다.

상향식 기능이란, 텍스트에 표현된 문자를 보고 단어의 의미나 문형을 신속하고 정확히, 즉 순간적이고 자동적으로 인식하여 식별하는 것과 연관된 기능이다. 모어의 경우도 포함하여 이러한 상향식 기능은 일상생활 중에 자연스럽게 획득되기보다는 학교교육 등에서 의식적으로 양성되어 그 결과로서 획득되는 일이 많다.

모어화자의 경우는 문자를 읽을 수만 있다면 자동적으로 특정한 스키마와 연결지어 의미를 도출해낼 수가 있다. 그러나 비모어화자의 경우 읽을 수 있다는 것과 단어나 문형의 인식, 즉 특정한 스키마를 환기시켜 의미를 도출해낸다고 하는 것과는 완전히 별개의 문제이다. 다시 말해 비모어화자의 경우에는 문자를 식별하는 작업 외에 각각이 어떤 의미를 지니는가를 인식하는 작업·학습이 필요하다는 것이다.

이러한 점에서 비모어화자에 대한 읽기와 쓰기의 지도를 어휘력이나 문법력이 어느 정도의 수준에 달하기 전까지 도입하지 않는다는 것도 하나의 선택이 될 수 있다. 그렇지만 특히 성인 학습자를 대상으로 하는 제

2언어 교육에서는, 말하기·듣기를 통해 이루어지는 어휘나 문법의 학습과 더불어 읽기·쓰기를 병행하여 종합적으로 행했을 때 얻을 수 있는 장점이 매우 많다. 또한 전술한 바와 같이 독해의 기능은 상향식 기능에 한정된 것이 아니라 하향식 기능도 병행하여 혹은 상호보완적으로 사용된다는 것을 생각한다면, 성인이 일반적으로 갖추고 있을 것으로 여겨지는 하향식 기능을 보완적으로 사용하여 독해를 행하면서 또 다른 한편으로 상향식 기능을 축으로 어휘력·문법력의 향상에 힘쓰는 것이 현명하며 현실적이라고 할 수 있다.

> **과제** ■ 단어의 의미나 문형 등을 한참 보고 난 후에 아는 것이 아니라 본 그 순간에 식별하거나 의미를 아는 것이 독해에 있어서 중요시된다고 하는데, 그것은 어째서인가?

### _ 덩이chunk로서 인식하기

우선 상향식 기능 중에서도 단어나 문형의 식별력에 한해 검토하기로 한다.

[독해 모형]에서도 살펴본 바와 같이, 독해를 성공적으로 이끌기 위해서는 단어나 문형을 순간적으로 식별하는 상향식 기능도 중요하다. 하나의 단어를 잘못 인식한 탓에 무엇이 씌어 있는지 전혀 알지 못하거나, 혹은 반대의 의미로 이해하는 일이 종종 있다. 또한 식별하는 데 지나치게 시간이 걸린다는 것은 의미의 이해·창조에 있어서 중대한 장애가 된다. 한 단어의 의미를 이해하는 데 너무 힘을 들이거나 한번에 연속된 몇 단어 밖에 수용할 수 없는 상태에서, 일련의 정리된 의미이해에 도달하는 것은 거의 불가능에 가깝다. 인간의 뇌의 단기기억 중에 담아둘 수 있는 단어는 그 수와 시간에 한계가 있다고 한다. 또한 컴퓨터의 용량에 한계가 있는 것과 마찬가지로, 우리들이 일시적으로 사용할 수 있는 능력의

용량에도 한계가 있다. 이와 같은 점에서 볼 때, 의미이해를 위해서는 순간적이고 정확한 어휘나 문형의 식별이 필수적이다. 그렇게 함으로써 의미창조를 위해 소재가 되는 단어·문형에서 오는 정보를 다량으로 입수할 수 있고, 그것을 사용한 의미창조에 많은 에너지를 쏟을 수 있게 된다.

일반적으로 모르는 어휘의 의미를 문맥에서 추측하는 기능은 특히 제2언어의 독자에게 있어 중요한 기능이다. 왜냐하면 제2언어의 독자는 대부분의 경우 어휘가 부족한 상태에서 어쩔 수 없이 읽어야 하기 때문이다. 그렇지만 문맥에서의 의미추측이 독해에 있어 항상 긍정적인 역할을 하는 것은 아니다. 최근 많은 교사가 독해 중에 사전을 찾는 것을 되도록 피하도록 지도하고 있다. 읽으면서 사전을 찾아서는 안 되는 것일까? 주된 이유는 읽고 있는 중에 사전을 찾게 되면 결과적으로 독해 속도가 떨어지기 때문이지만, 그 외에 독해를 일시적으로 중단하게 되면 자기 나름의 의미를 창조해가는 사고 과정을 중단시키게 된다는 이유도 있다. 독해의 중단=사고의 중단이라는 점에서 생각해 본다면, 문맥에서 특정한 어휘의 의미를 추측하는 행위 역시 같은 작용을 하게 된다. 따라서 독해 도중에 미지의 어휘에 접했을 때의 전략으로는, 문맥에 의거해서 의미를 추측하거나 사전을 찾는 것이 아니라 미지의 어휘가 있더라도 일단 읽어나갈 것, 그리고 텍스트가 전체로서 어떠한 의미로 자연스럽게 다가오는지를 기다리는 것이 중요하다는 지적이 있다. 이는 다시 말하면 독해 활동 중에 문맥에서 단어의 의미를 추측하는 활동을 그다지 하지 않게 하기 위해, 독립된 어휘학습을 행하는 것도 필요하다는 것을 시사한다.

독해 활동과 독립적으로 행하면서 어휘를 순간적으로 정확히 식별하는 것을 목표로 한 어휘학습 방법으로는 다음과 같은 것이 있다(Eskey & Grabe, 1988:292-저자 역).

첫 번째는, 신속하고 정확하게 인식하는 능력을 기르기 위한 연습법이다.

빨갛다 : 젊다/파랗다/달다/가깝다 [동일 범주]
웃다 : 읽다/울다/듣다/말하다 [동일 범주]
가깝다 : 빠르다/길다/멀다/날카롭다 [반대 의미]
언니 : 아버지/어머니/남동생/여동생 [유사 의미]

이것은 왼쪽에 있는 단어와 형태가 비슷하거나 의미가 유사하거나 반대이거나 동일한 범주이거나 모종의 관계가 있는 것을, 오른쪽에 열거된 것 중에서 가능한 한 신속히 찾아내는 연습이다.

두 번째는, 단순히 한 어휘의 식별이 아니라 일련의 의미를 구성하는 어휘를 덩이chunk로 하여 한눈에 식별하는 연습이다. 우리들은 보통 무언가를 읽을 때 눈을 순간적으로 어느 단어에 고정하고 동시에 그 주변의 단어도 시야에 둔다. 이 범위가 넓으면 넓을수록 의미도 알기 쉽고 읽는 속도도 빨라진다. 단어 하나의 의미를 생각하는 것보다 하나의 구절로 되어 있는 편이 의미파악도 빠르고, 나아가 문장이 되면 의미는 더욱 명확해진다. 반대로 이 범위가 좁을 경우(극단적으로 단어 한 개) 의미파악이 어려워진다. 덩이가 아닌 단어 하나하나에 주목하면 한번의 의미이해 과정에 투입되는 정보가 상당히 제한되므로, 의미를 창출한다는 점에서 손실이 된다. 그저 손실에 그치는 것이 아니다. 어느 정도 의미를 이루는 양을 읽을 때까지 그 단어를 기억 속에 담아 두어야 하기 때문에 기억의 부하가 필요 이상으로 커져, 의미를 생각할 여력이 사라져 버리는 문제도 발생한다. 이것이 보다 심각한 문제이다.

덩이로 인식하기 위한 연습법으로는 단어 대신 일련의 의미를 지닌 구 차원에서 행하는 식별법이 있다(Eskey & Grabe, 1988). 이때 당연히 시간이 문제가 된다. 눈이 문자를 주목하는 범위를 가능한 한 넓혀 순간적으로 덩이를 보고자 하는 것이므로, 시간을 충분히 들여서 정확히 보고자 하는 것과는 다르기 때문이다. 따라서 시간을 재면서 읽는다. 그리고 대부분의 상향식 기능에 해당되는 것이기도 하지만, 1회의 연습량을 최소한으로 해야 한다. 즉 교실에서 연습 시간을 할애하는 경우 대부분의 수업시간은 독해 자체를 위해 쓰고, 어휘 식별 등 독해의 하위기능을 위한 연습에는 1회에 몇 분 정도로 제한하는 것이 바람직하다.

## 2. 듣기

[읽기]와 [듣기]는 이해의 과정이라는 점에서는 유사한 과정을 거치나 매체의 상이로 인해 서로 다른 기능을 구성한다. 앞서 [읽기]를 통해 검토한 이해 과정은 [듣기]에도 적용 가능하다고 볼 수 있다.

이하에서는 매체의 상이란 구체적으로 어떠한 차이인가, 그리고 [듣기]에 대해서는 어떤 것이 새로운 고찰 대상이 되는가를 중심으로 생각해 보고자 한다.

### (1) 구어의 특징



Hatch는 구어spoken language와 문어written language를 구분하는 기준으로 [계획성planning, 맥락성contextualization, 형식성formality]을 들고 있다(Hatch, 1992). 구어가 사용되는 전형적인 상황이라고 할 수 있는 일상적인 대화를 생각해 보자. 우선 계획성이라는 측면에서 보면, 구어는 계획성이 미약하다. 무엇을 어떻게 말할 것인지 사전에 계획을 세워 용의주도하게 준비한 후 대화에 임하는 일도 있지만 그다지 일반적이지는 않다. 아무 준비도 없이 그 자리에서 상대방과 호흡을 맞추면서 서로 협력하여 대화를 만들어 가는 일이 많다. 다음으로 맥락성에서 볼 때, 구어는 맥락성이 풍부하다. 예를 들어 대화에는 구체적인 참가자가 있고 시간과 장소를 공유하며, 상호 간에 공유된 지식이나 정보가 있다. 따라서 공유된 제반 사항에 의존하여 이야기가 만들어지고 이해된다. 끝으로 형식성에서 보면, 참가자 간의 사회적 지위나 거리 등이 작용하기는 하나 일반적으로 일상적인 대화 상황은 정해진 약속이 적어 형식성이 낮다.

한편 문어는 이와 달리 계획적이며 맥락성이 미약하고 형식성이 높다. 전형적인 예로 논문을 들 수 있다. 보통 논문은 무엇을 어떻게 쓸 것인지 미리 계획을 세우고 쓴다. 또한 쓰면서도 재차 퇴고한다. 그리고 읽는 이와의 사이에 많은 공유지식을 전제할 수 없으며, 전하고 싶은 것은 전부 문자만으로 표현한다. 공식적이며 형식성도 높다.

물론 이것은 전형적인 경우로, 구어에서도 대강당에서의 강연과 같은 경우에는 계획성이 높아지고 반대로 맥락성은 낮아지며 형식성은 높아진다. 또한 문어라도 친한 사람에게 보내는 전자메일과 같은 경우, 계획성은 낮아지고 맥락성은 높아지며 형식성은 낮아진다. 따라서 전형적인 문어와 전형적인 구어를 양극단으로 하는 연속체가 존재하는 것으로 생각할 수 있다.

이하에서는 전형적인 구어에 초점을 맞추어 그 특징에 대해 상세히 알아보도록 하자. Bygate(1988:21)는 구어의 특징을 다음의 7가지로 정리하였다.

① 발화는 완결된 문장으로 구성되어 있지 않다. 대신 구나 절로 구성되어 있다.
② 발화는 쌍방이 공유하는 구정보旧情報를 바탕으로 하여, 그것에 신정보新情報를 제공하는 형식으로 이루어진다.
③ 상대방과 거리를 두지 않고 개인적인 관계임을 강조한다.
④ 어휘나 문체 등에 공적인 성격이 거의 없다.
⑤ 문법이 아닌 인접되어 말해진 것에 따라 명제간의 관련성을 나타낸다.
⑥ 수정이나 반복을 다용한다.

⑦ 공백어filler, 휴지pause, 억양intonation이 있다.

위의 항목을 상세히 검토하는 것으로 구어의 특징을 밝히고자 한다. 이하는 어떤 연구용 노트(논문)의 발췌 부분이다.

> 문법번역식 교수법을 채용하면 전통적으로 많은 교사가 익숙해져 있는 강의형의 수업형태를 취하기 쉽고, 교사가 교실 앞에 서서 수업을 이끌어가는 식의 교사 중심 수업 운영을 하게 된다는 것은 사실일 것이다.

위와 같은 내용을, 가령 A가 동료 B에게 라운지에서 일상대화 중에 말한다면 어떻게 될까? 다음과 같은 전개가 예측된다.

| |
|---|
| 1A : 문법번역식으로 가르치는 방식      응 |
| 2B :      응, 문법 가르치고 원서를 번역하게 하는 |
| 3A : 그걸 써서 가르치잖아, 그러면 어떤 식으로 보통 선생님이 가르치는가 하면 |
| 4B :      응    응     응       응 |
| 5A : 결국 옛날 식으로 가르치는 방식      그렇지 교실의    선생님이 앞에 서서 |
| 6B :      아 선생님이 앞에 있고      학생들에게 설명하는? |
| 7A : 선생님이 강의 선생님의 강의   그래 선생님이 수업을 이끌어가는   그런 수업 |
| 8B :      선생님이 중심이 되지      그렇지 |

이 두 가지의 비교를 통해 구어의 특징을 생각해 보자.

① 발화는 완결된 문장으로 구성되어 있지 않다. 대신 구나 절로 구성되어 있다.

위의 논문에서 예로 든 문장은 완결문이다. 그러나 대화 예에서의 문장은 완결되어 있지 않고 도중에 끝난다. 예를 들면 대화 중 A의 [문법번역식으로 가르치는 방식]은 여기에서 끝나고 서술부가 없다. 또 이를 받은 B의 [문법 가르치고 원서를 번역하게 하는] 부분도 누가 누구에게 가르친다든지 번역하게 한다든지 하는 것이 명시되어 있지 않다. 주어도 목적어도 생략되어 있다. 결과적으로 구나 절로 이루어져 있는 것이다. 이러한 경향은 구어에서는 오히려 일반적인 것이다. 대화에서의 상대방이 완결문으로 끝나는 식의 대화를 이어나가면 도리어 위화감을 느끼게 될지도 모른다.

이와 같이 대화가 구나 절로 구성되는 이유는 정보 처리의 관점에서 생각할 수 있다. 대화에서는 화자나 청자 모두 시간적인 제약을 심하게 받으면서 대화에 참가한다. 입에서 나온 말은 순간적으로 소멸된다. 정보 처리의 관점에서 본다면 복잡한 문장은 산출도 이해도 처리하기 곤란하리라 여겨진다.

② 발화는 쌍방이 공유하는 구정보旧情報를 바탕으로 하여, 그것에 신정보新情報를 제공하는 형식으로 이루어진다.

위의 예에서는 이 점을 명확히 지적할 수 있는 부분은 나타나지 않는다. 단 다음의 예에서 :

1 a. 점심밥 말이야, 어디서 먹을까?
  b. 어디서 점심밥을 먹을까요?
2 a. 요즘 젊은 가수는, 난 별로 안 좋더라.
  b. 나는 요즘의 젊은 가수를 별로 좋아하지 않아요.

일상적인 대화에서는 a와 같은 말투가 많다. 1에서는 [점심밥]이, 2에서는 [요즘 젊은 가수]가 이미 화제에 올라 있거나 혹은 오르려는 상황이

고, 여기에서 이들을 문장 앞에 내세워 화제topic로 삼고자 하는 방식이
취해지고 있다. a와 b의 문장 내의 어순을 비교하면, b에서는 [주어-목적
어-동사]라는 한국어(일본어)의 일반적인 어순인 데 반해, a에서는 목적
어나 그 외의 것이 문장 앞에 나오는 형식인 [topic-comment]의 구조
를 띠고 있다. b와 같은 문장은 주로 문어에서 사용된다.

전형적으로 대화가 많은 것을 공유하는 참가자 사이에서 이루어진다는
것을 생각한다면, 공유점을 확인하면서 여기에 첨가해가는 식으로 서로
정보를 제공하며 대화를 진행시켜 나간다는 것을 쉽게 납득할 수 있다.

③ 상대방과 거리를 두지 않고 개인적인 관계임을 강조한다.

위의 대화 예를 보자. A는 자신이 하고 싶은 말을 전부 말하기보다는
이야기 도중에 의식적으로 B에게 말차례를 주어 B의 반응을 살핀다. B
도 자주 맞장구를 치면서 A와의 대화에 관심 있게 참가하고 있다는 메시
지를 보내고 있다. 이와 같이 구어에서는, 한 사람이 계속 말하기보다는
화자와 청자가 빈번히 교대되면서 하나의 이야기를 협력하여 만들어가
는 형태를 띠는 것이 일반적이다.

또한 화자가 이야기하는 도중에 청자가 말을 받아 완성시키는 共話(水
谷, 1980)도 다수 관찰된다. 예를 들어 위의 예에서 5A [결국 옛날 식으로
가르치는 방식]과 이를 이어받은 6B [선생님이 앞에 있고 학생들에게 설
명하는] 부분은 共話의 한 예이다. 여기서 A가 [옛날 식으로 가르치는 방
식에서는 선생님이 앞에 있고 학생들에게 설명한다]라는 일련의 발화를
할 수도 있으나, A는 전반의 토픽 부분을 말하고 B가 이어 받아 후반의
코멘트 부분을 말함으로써 공동으로 [토픽-코멘트] 문장을 완성시킨다고
볼 수 있다.

④ 어휘나 문체 등에 공적인 성격이 거의 없다.

위의 예를 보면 논문의 [교사]와 대화의 [선생님], 논문의 [교수법]과 [가르치는 방식] 등과 같이, 각각 한 쌍을 이루는 어휘가 있음을 알 수 있다. 문어에서는 형식성이 높은 한자어가 많고, 반대로 구어에서는 형식성이 낮은 단어가 다용되는 경향이 있다.

또한 문체도 마찬가지이다. 논문에서는 [~하면 ~일 것이다] 등의 격식 차린 문체가 쓰이고, 대화에서는 구어에서 흔히 볼 수 있는 종조사終助詞를 사용하거나 말끝을 올리는 등 격식을 차리지 않은 경우가 많다.

이와 같이 어휘나 문체의 종류를 의식적으로 선택함으로써, 문어체다움과 구어체다움을 보다 선명하게 나타낼 수 있다.

⑤ 문법이 아닌 인접되어 말해진 것에 따라 명제 간의 관련성을 나타낸다.

영어에서는 이를 인접성nextness이라 한다. 위의 대화 예를 연결해 보면 다음과 같이 된다.

<table>
<tr><td>문법번역식으로 가르치는 방식</td><td>문법 가르치고</td><td>원서를 번역하게 하는</td><td>그걸 써서 가르치잖아</td></tr>
<tr><td>1</td><td></td><td>2</td><td>3</td></tr>
<tr><td>그러면 어떤 식으로</td><td>보통 선생님이 가르치는가 하면</td><td>중략</td><td></td></tr>
<tr><td>4</td><td></td><td></td><td></td></tr>
</table>

1에서 4까지 상호의 전후 관계를 생각해 보자. 어째서 1→2 →3의 순서로 되는 것일까? 일반적으로 이 순서를 정하는 것이 문법이며, 문법에 의해 순서가 설명된다. 그런데 대화에서는 문법적인 관계만으로 정해지지 않는 것이 많다. 대화 예에서 살펴보자. 1 다음에 2가 오는 식의 연결은, 문법적으로는 아래와 같이 2 다음에 1이 오지 않으면 안 된다. 2가 1을 수식하는 관계이기 때문이다.

그러나 대화 예에서는 1 다음에 2가 오는 식으로 이어져 있다. 1→2이라도 이 두 가지가 인접하기 때문에, 대화 참가자는 의미적으로 2 다음에 1이 오는 연결로써 이해할 수 있다. 다시 말해 긴 수식절을 쓰는 식의 복잡한 문법을 사용하기보다는 옆으로 계속 나열해가는 식으로도 의미관계는 유지되며, 발설된 말이 순간적으로 사라진다는 것을 생각할 때 오히려 그 편이 정보 처리라는 관점에서 보면 처리하기 쉬울 것이다.

⑥ 수정이나 반복을 다용한다.

대화에서는 종종 자신이나 상대방 말의 일부분이나 전부에 대해 고쳐 말하거나 반복하거나 되묻는다. 이러한 것들은 위의 대화 예에서도 나타나듯이 지극히 일반적인 현상이다. 씌어 있는 것과는 달리 말하는 것은 순식간에 사라져 버리기 때문에 어떠한 의도에서건 강조하고 싶은 것은 반복하게 되는 것이다. 또한 말하기 시작한 것은 도중에 틀렸다는 것을 알았다고 하더라도, 무언가를 쓸 때와 같이 지우개로 지울 수도 없다. 따라서 수정이 많아진다. 또한 대화가 상대방과의 공동 작업이라는 형식으로 이루어진다는 것도 상호 수정이 많아지는 요인이 될 것이다.

⑦ 공백어filler, 휴지pause, 억양intonation이 있다.

논문과 같은 문어에는 전혀 나타나지 않으나, 대화와 같은 구어에서는 「あのー(저ー)」「そのー(그ー)」「でー(어ー)」 등의 공백어가 다수 관찰된다. 이는 말이 끊겼을 경우 청자에게 말차례를 빼앗길 우려가 있으므로 자신의 말이 아직 계속되고 있다는 것을 알리기 위한 것이기도 하고, 또한 말을 하면서 이후의 전개를 생각하기 위해 다음에 무엇을 어떻게 말할

것인가 등을 생각하고 있는 사이를 물리적(음성적)으로 메우기 위한 것이기도 하다. 그리고 이와 같은 공백어의 다용은 청자에게도 정보를 처리할 시간적 여유를 줌으로써 이해를 돕는 기능을 하기도 한다.

휴지, 억양 등은 화자의 특권이라고 할 수 있는 수단이며 구어의 특징 중 하나이다. 휴지는 사용 방법에 따라 상대방의 이해를 촉진시킬 수 있다.

ESL 연구 중에, 어떤 조치를 취했을 때 강의를 보다 쉽게 이해할 수 있게 되는가에 관해 조사한 연구가 있다. Ⓐ [첫 번째는] [구체적으로는] [결론적으로] 등의 텍스트 표지어text marker, Ⓑ 문장이나 어휘의 간략화, Ⓒ 휴지의 적절한 배치와 같은 세 요인을 비교한 결과, Ⓒ 휴지의 적절한 배치가 강의를 보다 쉽게 이해하는 데 가장 큰 영향을 끼쳤다고 한다.

억양 혹은 발화 전체와 관련된 프로소디prosody(음성의 강약, 고저와 같은 특징) 등은 발화의 의도를 전달하는 데 있어 많은 영향을 미친다.

## (2) 듣기의 숙달-듣기를 어떻게 가르칠 것인가?

앞 절의 [읽기]에서 검토한 이해 과정과 위에서 살핀 구어의 특징을 고려했을 때, 일본어 교실에서의 청해聽解를 위한 교실 활동이나 교재를 어떻게 디자인하면 청해 활동의 폭이 확대될 수 있겠는가? 여기에서는 주로 일상생활의 다양한 상황에 있어서 원활히 들을 수 있는 청해 능력의 육성을 목표로 한 청해 활동에 대해 알아본다.

독립된 청해 활동이라는 것은 그다지 일반적이지 않다. 초·중급 수준에서는 문형학습에 중점을 두고, 4기능을 대상으로 하는 경우라도 청해는 문형연습이나 회화연습에 가려져 테스트용으로만 사용되는 일이 많다. 그렇지만 청해가 포함된 이해 과정 전반이 언어습득에서 차지하는 위치는 대단히 높으며, 특히 초·중급 전반기는 그 이후의 언어능력의 기초를 다지는 중요한 시기에 해당한다. 청해·독해능력의 영역에서 확고한 기반이 마련된다면, 그 위에 형성되는 말하기·쓰기와 같은 산출능력도 보다 풍성해질 수 있다고 생각되기 때문이다.

아울러 말하기와 달리 듣기에는 굳이 따로 시간을 할애할 필요가 없다는 입장도 있다. 그러나 듣기에는 듣기 나름의 어려움이 있고, 따라서 이를 위한 학습이 필요하다. 예를 들어 무언가를 말할 경우에는 미리 자신이 무엇을 어떻게 말할지를 정할 수 있으므로, 대화에서 자신이 화자가 되었을 때 무엇을 말하고 있는지 모르는 일은 거의 없을 것이다. 그런데 청자가 되어 상대방의 말을 들을 경우에는 화제가 무엇인지 전혀 짐작조차 하지 못하는 일도 있을 수 있다. 상대방에 의해 결정되는 것으로 자신이 조절할 수 있는 일이 적어지기 때문이다.

특히 이문화간異文化間 상대와의 대화에서는 서로 공유하고 있다고 생각하는 것이 실제로는 공유되지 않기도 한다. 그러므로 상대방의 말을 듣고 화제를 파악하거나 청자로서의 대화 참가 방식을 배우는 학습은 말하기 위한 학습과는 별도로 설정되어야 한다.

> **과제** ▌ 청해능력 양성을 위해 어떠한 청해연습을 생각할 수 있는가? 가능한 한 구체적으로 생각해 보자.

청해연습이라고 하면, 카세트테이프나 CD를 들은 후 그 내용에 관해 주로 5W1H의 질문(누가, 언제, 어디서, 무엇을, 왜, 어떻게)에 답하는 형식을 상상하는 사람이 많을 것이다. 특히 초·중급 수준에서는 그러한 경향이 현저하다. 예를 들어 다음과 같은 연습은 초·중급 수준에서 사용되는 대표적인 청해연습이다.

**듣기 연습**

테이프의 대화를 듣고 다음 질문에 답하시오.
1. 남자는 정원에서 누구를 기다리고 있습니까?
2. 형은 어디에 갔습니까?
3. 무엇을 하러 갔습니까?
4. 형의 성은 무엇입니까?
5. 남동생은 어떤 책을 좋아합니까?

**과제** ■ 이러한 타입의 청해연습(이하에서는 [타입A 청해연습]이라 칭한다)의 특징이라고 여겨지는 점을 가능한 한 많이 열거해 보자.

타입A 청해연습의 특징으로서는 다음과 같은 점을 들 수 있다.

- 연습의 목적은 문맥 중에 들어있는 기습旣習 문형이나 어휘를 듣고 분석할 수 있으며, 내용을 알아들을 수 있도록 하는 것이다.
- 들려주는 텍스트의 내용은 기습 문형이나 어휘가 문맥 중에 섞여 있는 것이다.
- 테이프를 3회 정도 들으면 내용을 완전히 이해할 수 있도록 만들어져 있다.
- 특정 텍스트를 듣는 목적이 부여되지 않는다.
- 예와 같이 설문을 읽고 그것에 대해 써서 답하는 형식이 많다.
- 테이프를 듣기 전이나 들은 후의 활동이 특별히 마련되지 않는다.
- 화자는 대부분의 경우 일본어(공통어) 모어화자이며 원고를 읽는 것과 같은 말투를 사용한다.

이와 같은 타입A 청해연습은 초·중급 수준의 청해능력 양성에 얼마나 기여할 수 있을까? 이하에서는 이러한 타입A 청해연습을 분석하고, 어떤 관점에서 새로운 학습 가능성을 제시할 수 있는가를 생각한다.

과제 ■ 타입A 청해연습의 특징 중의 하나인 [테이프를 듣기 전에 특별히 아무 것도 하지 않은 상태에서 바로 텍스트를 들려주고 듣기가 끝나면 질문을 하는] 경우, 어떤 문제가 있을 수 있는가?

타입A 청해연습의 가장 큰 특징은 듣는 목적을 설정하기 어렵다는 점이다. 위의 특징에서 알 수 있듯이, 배운 문형이나 어휘를 알아들을 수 있다는 일반적인 목적은 있지만 그보다 하위의 목적, 즉 테이프에 담겨있는 특정 텍스트를 듣고 무엇을 하는지, 무엇 때문에 텍스트를 듣는지에 관한 구체적인 목적을 설정하기 어렵다. 가령 [내일의 일기예보]가 담겨있는 텍스트를 들려준다고 한다면 [내일의 날씨에 관한 정보를 얻는다]라는 목적이 있고, [일기예보를 듣고 내일의 일정을 정한다]라는 구체적인 과제를 설정할 수 있다. 다시 말해 듣고 무언가를 행한다는 것이 가능해진다listen-and-do-task. 한편 위와 같은 예의 텍스트는 단순히 발생한 일에 대한 서술로, 일기예보나 역 구내의 방송과 같이 텍스트 자체가 어떤 목적을 가지고 발화된 것이 아니므로 듣고 무언가를 달성하는 식으로 행하기가 쉽지 않다.

이처럼 특정한 구체적인 목적을 설정하기 힘든 텍스트를 듣는 청해연습은, 이 점과 연관되어 파생되는 여러 문제를 안고 있다. 이하에서는 청해연습이 지닐 수 있는 학습의 다양한 가능성을 열기 위해 타입A 청해연습에 대해 검토하기로 한다.

### 1) 목적을 가지고 집중해서 들을 수 있는가?

우선 [듣는 목적]에 관해 자세히 알아보자.

역구내의 방송을 듣는다든지 라디오의 일기예보를 듣는 것과 같은 일상생활에서의 청해 활동을 생각해 볼 때, 거기에는 듣는 목적이 있고 그 때문에 필연적으로 어떤 예측 하에 능동적으로 듣고 있다는 것을 알 수 있다. 이와 같이 능동적으로 듣는 방식은 우리들이 모어화자로서 무의식 중에 습득한 청해능력이다. 특별히 배우지 않더라도 제1언어로는 그러한 듣기 방식이 가능하다. 그러나 제2언어로는 좀처럼 쉽지 않다.

교실 안과 밖의 격차로 학습자가 가장 먼저 깨닫는 것은 언어의 차이로, 교실 밖에서의 말을 잘 알아들을 수 없다는 문제일 것이다. 교실 밖의 말을 알아들을 수 없는 경우, 몇 가지 문제가 복합적으로 얽혀있다. 교실 안에서의 말, 특히 교과서나 연습용 테이프에 담겨있는 말은 문어체를 그대로 구어로 옮긴 경우가 많다. 그런데 교실 밖에서 사용되는 구어는 앞서 본 구어의 특징에서도 알 수 있듯이 문어와는 판이하게 다르다. 이러한 사실은 교과서에 실린 대화가 일상생활에서는 거의 들어볼 수 없는 부자연스러운 대화라고 지적되는 것에 단적으로 나타난다. 또한 이와 같은 언어 자체의 차이 이외에, 말을 사용하여 행해지는 활동도 교실 밖과 안에서는 큰 차이가 있다.

일본어학습이 최종적으로 무언가의 수단이 될(학문, 생활 등) 것을 지향한다고 한다면, 이러한 격차를 의식적으로 메우는 노력을 해야만 한다. 청해지도 영역에서는 학습자에게 교실 안에서 뿐만 아니라 교실 밖에서 일본어 화자가 사용하는 일본어를 알아들을 수 있게 하는 능력을 의식적으로 육성시킬 필요가 있다. 이를 위해서는 목적을 가지고 예측하며 듣는 방식이 제2언어로도 가능케 되는 청해지도가 요구된다.

이러한 관점에서 타입A 청해연습에 대해 살펴보자. [테이프의 대화를 듣고 다음의 질문에 답하시오]라는 지시 후, 질문을 읽을 시간이 충분히 주어지지 않은 채 즉시 텍스트가 읽혀진다면 무엇에 주의해서 들어야 좋을지 단서가 거의 없이 듣게 될 것이다. 사람에 따라서는 어디에 초점을 맞춰야 할지 모르는 채 듣게 될지도 모른다. 한편 하나도 빠뜨리지 않고 꼼꼼히 다 듣고자 노력하는 사람도 있을 것이다. 테이프를 들으면서 필사적으로 메모하여 나중에 어떤 질문을 받더라도 대답할 수 있도록 하는 부류가 이에 속한다.



[오늘 온종일 들은 것을 생각해내시오]와 같은 경우를 상정해 보자. 무엇을 들었는지 정확하게 생각해내는 것은 어려운 일이다. 생각해냈다 하더라도, 들은 내용은 고사하고 그것을 어떻게 듣게 되었는지에 대해서 애매한 경우가 많다. 이렇듯 기억이라는 것은 한계가 있게 마련이고, [일단 기억해 두자]라는 것은 현실적으로 거의 불가능하다. 그런데 타입A 청해연습에서는 [들은 것을 모두 기억하는] 것이 중시된다. 예를 들어 테이프를 듣고 있는 시점에서는 바르게 듣고 있어도 듣는 중에 과도한 정보가 유입되어 기억의 부하가 커지고, 결과적으로 답을 쓰는 시점에서는 기억에서 사라져 버릴 수도 있다. 즉 테이프를 전부 다 듣고 난 후에 많은 질문에 답하는 형식의 연습에서는, 듣는 능력이 아닌 기억력에 중점을 두게 될 위험성이 있다.

또한 빠짐없이 듣고자 하는 사람들은 들리는 모든 단어나 문장을 완전히 듣고자 하는 심정에서, 만일 듣지 못하거나 모르는 단어나 문장이 하나라도 있으면 혼란을 일으켜 듣는 것 자체를 포기하기 쉽다. 따라서 교실 안에서 이미 배운 문형과 어휘로 제한된 연습용 테이프는 잘 알아듣지만, 미지의 구문이나 문형, 어휘가 난무하는 교실 밖의 말은 잘 알아듣지 못하게 되는 것이다. 다시 말해 타입A 청해연습만으로는 교실 안과 밖의 괴리는 점점 더 심해진다고 할 수 있다.

이처럼 막연히 듣거나 혹은 모든 단어를 빠짐없이 듣고자 하는 태도를 개선하기 위해서는, 듣는 목적을 처음부터 부여하는 것을 들 수 있다. 목적이 주어지고 나면 반자동적으로 예측하며 듣는 것이 수반될 것이기 때문이다.

듣는 목적을 부여하는 가장 간단한 방법은, 테이프를 들려주기 전에 질문을 하고 그 질문을 제대로 이해할 수 있도록 테이프를 틀기 전에 충분한 시간을 갖는 것이다. 그럼으로써 질문에 답한다는 목적 하에 테이프를 듣게 된다. 즉 질문에 답하기 위해서는 무엇을 듣지 않으면 안 되는가를 생각해 필요한 정보를 미리 압축하거나 거기에 집중해서 들을 수 있게 될 것이다. 필요한 정보로 좁혀 듣게 될 경우, 거기에는 다양한 전략 strategy이 발동하여 능동적으로 듣는 태도가 형성되는 것을 기대할 수 있다.

**과제** ▌ 초·중급 수준의 학습자를 대상으로 한 청해연습에서 일본어 모어화자 간의 대화만을 들려준다고 했을 때, 어떤 한계가 있다고 생각하는가?

듣는 목적과 관련하여, 또 다른 각도에서 생각해 보자. 목적의 질에 연관되는 문제이다. 과연 우리들의 실제 언어생활에서 있을 수 없는 목적이라도 무방한 것일까? 뉴스를 들려준 후에 주로 문법의 관점에서 빈칸을 메우는 형식의 청해연습을 예로 들어 보자. 이런 경우 뉴스를 들려주기 전에, 듣고 난 후에 빈칸을 채우는 과제가 있다는 것을 알림으로써 학습자는 뉴스를 듣기 위한 목적을 부여받는다. 그러나 목적을 부여한다는 것은, 목적을 가짐으로써 자신의 생활 경험에서 축적된 지식을 바탕으로 그 목적에 맞춰 예측하면서 들려오는 정보를 선별하여 필요한 정보에 집중해서 듣는다는 것을 의도한 것이다. 문법 지식을 묻는 문제를 풀기 위해 듣는다는 목적이라면 그러한 것은 실현될 수 없다.

더욱이 타입A 청해연습에서 제시된 것과 같은 질문 내용의 대화를 듣는 일도 일상생활에서는 거의 경험할 수 없다. 자신이 참가하지 않는 대화를 듣는, 말하자면 대화의 몰래 듣기와 같은 일은 일상생활에서는 예외적인 경우일 것이다. 문제는 이러한 청해연습에서 양성되는 능력이 과연 실제 생활에서의 청해행동으로 전이될 수 있는가 하는 점이다. 교실 안에서는 잘 들을 수 있지만 교실 밖에서는 거의 들을 수 없다는 학습자가 많다는 사실에 의거해 볼 때, 유감스럽지만 전이된다고 보기 어렵다. 이처럼 청해연습에서 설정하는 목적은 일상생활의 청해목적에 가깝든지 혹은 전이 가능한 것이 추구될 필요가 있다는 것을 알 수 있다.

모어화자가 비모어화자에게 행하는 대화는 모어화자끼리의 대화와 기본적으로 다른 구조(외국인 대상어 : foreigner talk)를 지닌다. 비모어화자, 특히 초·중급 수준에서는 자신을 향한 이와 같은 특이한 대화를 교실 밖에서 듣곤 한다. 그러므로 교실 밖에서의 청해행동이 원활히 이루어질 것을 지향한다면, 초·중급 수준에서의 청해연습 텍스트로서 특히 모어화자와 비모어화자 사이에서 오가는 대화도 필요하게 된다. 종래의 청해연습에서 사용되는 것은 모두 모어화자끼리의 것으로 비모어화자가 등장하는 일은 전무했다고 할 수 있다. 청해연습에서 듣는 것은 학습자에게 있어 모범이 될 만한 것이어야 한다는 전제에서 본다면 당연할지도 모른다.

그러나 청해기능의 양성이라는 점에 초점을 맞춘다면, 모어화자의 일본어만을 들을 수 있게 되는 것이 반드시 좋다고만은 할 수 없다. 또한 모어화자와 비모어화자 간의 대화를 소재로 활용함으로써 자연스럽게 과제 자체가 친근한 것이 될 수 있다는 점도 생각할 수 있다. 예를 들어 한국 출신의 학습자가 야채 가게에서 배추를 사는 장면을 상상해 보자(이 활동은 필자 중 한 명이 담당하는 오차노미즈여자대학의 교수법 클래스에서 한국 출신의 연구생과 일본인 청강생이 공동으로 작성한 것이다). 여기에서는 신선하지만 값이 비싼 배추와 약간 시들었지만 값이 싼 배추 중 어느 것을 샀는지, 그것은 얼마였는지 듣고 답하는 과제를 설정하였다.

이와 같은 과제는 일본 국내에서 생활하는 학습자라면 누구나 일상적으로 경험하는 일이다. 그러므로 모어화자인 야채 가게 주인과 비모어화자인 손님 사이에서 이루어지는 대화를 들을 때, 학습자는 테이프의 비모어화자의 입장에서 들을 수 있을 것이다. 즉 자신이 실제로 야채 가게에 가서 주인과 흥정하고 있는 셈이 되어, 가게 주인의 말은 자신을 향한 입력으로 듣게 될 가능성이 커진다고 할 수 있다. 이것은 언어습득을 촉진한다고 여겨지는 이해 가능한 입력을 증가시킬 수 있으며 언어능력의 풍부한 토대를 만든다는 점에서 평가된다. 또한 학습자가 일상적으로 경험하는 물건 사기와 같은 상황에서의 과제를 청해 활동의 과제로 활용함으로써, 교실에서의 학습 성과가 교실 밖으로 전이될 것도 기대할 수 있다.

### 2) 적절한 예측 하에 들을 수 있는가?

듣는 목적을 부여함으로써 자연스럽게 목적에 부합하는 정보에 집중하여 들을 수 있게 된다. 그러나 집중해서 들어도 적절한 해석에 도달하지 못하는 경우도 있다. 목적이 설정됨으로써 예측하는 것은 가능하게 되지만, 그 예측이 좀처럼 유효한 것이 되지 못하는 경우이다. 예를 들면 예측을 하려 해도 배경지식이 불충분하여 예측하지 못하는 경우나, 예측해서 듣는 것은 바람직하지 못하다고 미리 정해놓고 테이프에서 들려오는 것만으로 의미를 알아듣지 않으면 안 된다고 믿어버리는 경우 등이다.

처음 방문한 도시나 마을에서 자신이 가고자 하는 장소를 몰라 길을 묻는 상황을 상상해 보자. 들은 것은 단순한 내용이라고 하더라도 실제 지시받은 대로 가려고 하면 조금 전 알았다고 여겨졌던 지시내용이 완전히 이해되지 않았다는 것을 깨닫게 되는 일이 있다. 물론 길이나 건물 등의 상태를 잘 알고 있는 곳이라면 이런 일은 생기지 않는다. 이것은 우리의 이해가 문형이나 어휘와 같은 글자대로의 의미만으로 성립되는 것이 아니라, 이를 뒷받침하는 배경지식([독해]에서 스키마라는 명칭으로 다루었다)이 중요한 작용을 하고 있다는 것을 나타낸다.

이러한 관점에서 타입A 청해연습을 살펴보면, 예측을 둘러싸고 한계가 있음을 알 수 있다. 즉 타입A 청해연습의 특징에서 본 바와 같이, 테이프에 담겨 있는 텍스트는 기습 문형이나 어휘를 문맥 속에 포함시킨다는 관점에서 작성된 것이 많다. 따라서 텍스트는 언어에 관한 복습 이외의 기능을 지니지 않는 것이 대부분이고, 청자가 가진 배경지식을 이용해 예측하게 하는 활동을 짜 넣기 어렵다.

예측을 하고 동시에 들은 것을 토대로 의미 있는 과제가 달성될 수 있는 텍스트의 내용이 전제가 되어야 한다. 그 후에 어떻게 하면 예측을 세울 수 있는가를 생각할 필요가 있다.

이를 위해 테이프를 듣기 전에 예측을 세울 수 있도록 적절한 선행 과제를 행할 것이 요구된다(이는 [독해]에서 검토한 스키마 활성화를 목표로 한 선행 과제와 내용적으로 동일한 것이므로, [독해]의 선행 과제 부분을 참조).

같은 테이프를 사용하여 행해지는 두 청해연습(A, B)을 비교해 보자.

テープのスクリプト(일본어 원문)

a : もしもし。そちらの図書館ではビデオテープは借りられますか。
b : ビデオテープですか。はい。貸し出ししております。
a : えーと、ビデオテープはOK。じゃ、CDは?CDも借りられますか。
b : いいえ、CDは貸し出しできません。CDは貸し出しをしておりません。
a : そうですか、CDはできない。じゃ、紙芝居はどうですか。借りられますか。
b : はい、紙芝居はだいじょうぶです。貸し出しできます。
a : 紙芝居は大丈夫。では、辞書はどうでしょうか。
b : 辞書ですか。辞書類はだめです。貸し出しできません。
a : 辞書類はできない。はい、それだけです。ありがとうございました。
b : はい、どういたしまして。


테이프의 대본(한국어역)

a : 여보세요. 그 도서관에서는 비디오테이프를 빌릴 수 있습니까?
b : 비디오테이프요? 네, 대출 가능합니다.
a : 아, 비디오테이프는 OK. 그럼 CD는요? CD도 빌릴 수 있나요?
b : 아니오, CD는 대출할 수 없습니다. CD는 대출하지 않습니다.
a : 그래요, CD는 안 되는군요. 그럼 그림연극은 어떤가요, 빌릴 수 있나요?
b : 네, 그림연극은 괜찮습니다. 대출할 수 있습니다.
a : 그림연극은 된다. 그럼 사전은 어떤가요?
b : 사전이요? 사전류는 안 됩니다. 대출할 수 없습니다.
a : 사전은 안 된다. 예, 그 정도입니다. 고맙습니다.
b : 네, 천만에요.

---

A. 테이프를 듣고, 다음의 (1)~(4) 중에서 대출할 수 있는 것에는 ○, 할 수 없
   는 것에는 ×로 표시하시오.

   (1) CD          (2) 비디오테이프          (3) 사전류          (4) 그림연극

B. 새로운 도서관이 생겼습니다. 큰 도서관입니다. 전화를 걸어 다음의 (1)~(4)를 빌릴 수 있는지 물어 보기로 하였습니다. 테이프 대화를 듣기 전에 다음의 물건들을 빌릴 수 있는지 없는지 추측해 봅시다. 대출할 수 있다고 생각하는 것에는 ○, 대출할 수 없다고 생각하는 것에는 ×로 표시하시오. 그 후 테이프를 듣고 자신의 답을 확인해 봅시다.

(1) CD    (2) 비디오테이프    (3) 사전류    (4) 그림연극

연습A와 B의 가장 큰 차이는, 테이프를 듣기 전에 선행 과제가 있는가 없는가이다. 연습A에서는 곧바로 테이프를 듣지만, 연습B에서는 우선 예측을 하게 한 후 그 예측이 맞는지 틀린지를 확인하기 위해 테이프를 듣는다. 예측을 세울 때 학습자는 자기 자신이 가지고 있는 도서관에 관한 스키마를 활성화한다. 그리고 그 스키마를 토대로 세운 예측에 견주어 이 도서관은 어떤지 알아본다는 목적으로 테이프를 듣는다.

이는 일상생활의 듣기에서 모어화자가 무의식중에 행하는 전략strategy이다. 이렇게 해서 실생활에서 행해지는 듣기능력의 양성을 꾀할 수 있을 것으로 생각된다.


### 3) 듣기 텍스트가 구어의 특징을 지니고 있는가?

앞서 살펴본 바와 같이 구어 텍스트의 특징은 다음의 7가지로 정리된다.

① 발화는 완결된 문장으로 구성되지 않는다. 대신 구나 절로 구성되어 있다.

② 발화는 쌍방이 공유하는 구정보旧情報를 바탕으로 하여, 그것에 신정보新情報를 제공하는 형식으로 이루어진다.

③ 상대방과 거리를 두지 않고 개인적인 관계임을 강조한다.

④ 어휘나 문체 등에 공적인 성격이 거의 없다.

⑤ 문법이 아닌 인접되어 말해진 것에 따라 명제 간의 관련성을 나타
낸다.

⑥ 수정이나 반복을 다용한다.

⑦ 공백어filler, 휴지pause, 억양intonation이 있다.

타입A 청해연습은 이와 같은 특징에 비춰 어떤 성격을 지니고 있는가?
다시 한빈 이 타입에서 사용되는 말을 검토해 보자. 우선 타입A 청해연습
의 연습문제에 나오는 지시 중 질문문은 다음과 같다.

**듣기 연습**

테이프의 대화를 듣고 다음 질문에 답하시오.
1. 남자는 정원에서 누구를 기다리고 있습니까?
2. 형은 어디에 갔습니까?
3. 무엇을 하러 갔습니까?
4. 형의 성은 무엇입니까?
5. 남동생은 어떤 책을 좋아합니까?

아울러 테이프에서 흘러나오는 대화는 다음과 같다.

위의 예에서 알 수 있듯이, 타입A 청해연습에서 쓰이는 대화문이나 질문문은 문형과 어휘의 복습이라는 관점에서 작성된다. 따라서 대화이지만 문어의 특징을 지니고 문어체로 이루어진 대화가 많다. 즉 구어의 특징을 갖춘 것은 그다지 많지 않다고 하겠다.

### 4) 화자가 보이는가?

일상생활에서의 듣기는 전화를 제외한 대부분의 경우 청자가 화자 앞에서 듣게 된다. 이처럼 [볼 수 있다]는 것은 이해에 상당히 중요한 역할을 한다. 즉 화자는 목적이 무엇이든지 그 목적 달성을 위해 여러 메시지를 보내는데 이때 화자의 눈이나 얼굴을 포함한 신체 그리고 신체를 둘러싼 모든 물리적 상황도 메시지 해석에 한몫을 담당하기 때문이다. 따라서 우리들은 화자가 보내는 메시지를 이해하는 데 말뿐만 아니라 이러한 정보에도 촉각을 세운다. 어떻게 촉각을 세우는가가 듣기 전략의 하나라고 할 수 있다.

테이프를 듣고 행하는 청해연습에서는 이러한 촉각을 세우는 것이 애당초 요구되지 않는다. 이는 테이프를 사용한 연습의 한계로 전제될 필요가 있다. 다시 말해 청해연습을 반드시 테이프로 할 필요는 없으며 클래스 전체 활동이라면 교사가, 소집단이나 짝 활동이라면 학습자 중 누군가가 말하는 것을 듣기의 소재로 하는 방식을 보다 적극적으로 받아들여도 좋을 것으로 생각된다. 소집단이나 짝 활동은 지금까지 논해 온 요점의 도입을 용이하게 할 수 있다는 점에서도 높이 평가될 수 있다.

### 5) 답변 방식에 심사숙고한 흔적이 있는가?

> 과제 ▮ [(썩어 있는) 질문을 읽고, 들은 것을 바탕으로 (써서) 답한다]는 답변 방식에는 어떤 문제가 있다고 생각하는가?

타입A 청해연습에서는 대부분의 경우 질문을 읽고 테이프를 들은 후, 들은 것에 의거하여 써서 답하는 식으로 진행된다. 이러한 방식의 청해문제에 바르게 답할 수 없는 경우를 생각해 보자. 바르게 답하지 못하는 것은 바르게 듣지 못해서인가? 가능성으로서는 ① 질문이나 선택지를 읽을 수 없어서 틀린다, ② 질문이나 선택지는 읽을 수는 있지만 적절한 해석을 할 수 없어 틀린다, ③ 질문이나 선택지는 올바르게 해석할 수 있지만 답을 바르게 쓸 수 없어 틀린다, ④ 쓴 답의 문자가 틀리거나 문법의 오류가 있어 틀린다 등이 있을 수 있다. 이와 같이 생각해 볼 때, 질문을 읽고 거기에 써서 답하는 식의 청해연습은, 듣는 것보다 읽거나 쓰는 것과 같은 여타 능력이 중시되며 그러한 능력의 양성에 치중하게 된다는 것을 알 수 있다.

초·중급 수준에서 언어습득의 기초를 다진다고 하는 입장에서 보았을 때, 듣는 것에 초점을 맞춘 활동은 특히 중요하다. 듣는 것에 초점을 둔 경우에는 텍스트의 내용에 학습자의 능력을 약간 넘어선 것을 포함시켜도 그다지 어렵지 않다. 일반적으로 말하지는 못해도 들을 수 있거나, 쓰지는 못해도 읽을 수 있는 부분이 존재하기 때문이다. Krashen의 i+1 이론이 가장 잘 적용될 수 있는 것은 듣기·읽기와 같은 이해 과정에 있어서이다. 즉 텍스트 내에 들은 적도 없는 미지의 문형이나 어휘가 있다 하더라도, 구체적인 목적을 달성하기 위해서 자신이 지닌 배경지식이나 전후의 문맥을 이용하면서 예측을 세워 듣기에 전념한다면 필요한 부분은 틀림없이 들을 수 있게 된다. 이런 점에서 생각해본다면, 써서 답하는 형식은 쓸 수 있는 것밖에 답할 수 없다. 쓸 수 있다고 하는 점에서 텍스트의 내용도 목적도 제약을 받게 된다. 그러므로 씌어 있는 질문에 학습자가 써서 답하는 형식은, 특별히 듣는 것과 쓰는 것을 병행하는 상황의 청해 연습을 지향하는 것이 아니라면 특히 초급 수준에서는 피하는 것이 바람직하다. 그 대신 들은 정보를 토대로 주어진 도면에 선이나 그림을 그려 넣거나 숫자로 대답하거나 혹은 적절한 그림이나 도표를 고르는 등, 문자를 읽거나 쓰는 것을 수반하지 않는 답변 형식을 취함으로써 듣는 것에 집중하게 하는 것이 바람직할 것이다.

**제3장**

# 산출(말하기·쓰기)과정에 관한 연구 및 현장으로의 시사

종래에는 언어습득이라고 하면 특별한 언급이 없는 한 산출(말하기·쓰기)능력의 획득을 칭했다고 볼 수 있다. Krashen의 입력 가설은 이 점의 재고를 촉구했다. 이 가설에 의하면 산출을 위한 특별한 프로그램을 짜거나 특별한 교실 활동 혹은 교재를 준비할 필요가 없다. 청해나 독해와 같은 이해comprehension 활동에 전념하고 있으면, 적절한 시기에 저절로 말하거나 쓸 수 있게 된다는 것이다.

그렇지만 Krashen의 입력 가설이 설령 맞는다고 할지라도, 제1장의 제2언어 습득 일반에서 보았듯이 이해는 산출production을 매개로 해야만 비로소 진전된다는 측면을 부정할 수 없다. 또한 이해가 의미 있는 언어 행동으로 성립되기 위해서는 필연적으로 타자가 필요하며, 특히 구어에 있어서는 통상적으로 청자에서 화자로, 화자에서 청자로의 끊임없는 역할 교대가 이루어진다.

이해 과정에 있어서도 청자가 처음에는 몰랐던 것을 결국 이해할 수 있게 되는 것은 화자가 자신의 발화를 수정해가기 때문이기도 하지만, 화자가 청자에게 이해 가능한 형태로 적절한 수정을 가할 수 있었던 것은 청자가 그 나름의 피드백을 화자에게 보냈기 때문이다. 그저 묵묵히 듣고 있거나 알아들은 척하고 있었다면 위의 과정은 이루어지지 않았을 것이다. 또한 Swain 등(Swain, 1985; Swain & Lapkin, 1995)의 주장을 전면적으로 수용할 수 없다는 지적도 있지만, 학습자는 산출에 의해 비로소 언어 형태에 의식적으로 주목하게 되고 언어의 질적 향상에 주의할 수 있게 된다는 주장은 타당하다고 여겨진다.

본 장에서는 산출(말하기·쓰기) 과정에 관한 연구를 소개하고, 일본어 교육을 위해 어떠한 시사를 얻을 수 있는지에 대해 검토하고자 한다.

# 1. 말하기

## (1) 대화하는 과정에서 화자는 무엇을 하고 있는가?



[듣기]의 장에서 상세히 살핀 구어의 특성을 전제로, 다른 편의 당사자인 화자는 말하는 과정에서 무엇을 하고 있는가에 대해 생각해 보기로 한다. 대화 참가자는 화자와 청자 공히 시간적 제약과 기억의 제약을 받는다. 이것은 필자나 독자와 비교해 보면 한층 확실해진다. 쓰는 이는 자신이 전하고자 하는 것을 100% 문장으로 나타내기 위해 자유자재로 시간을 들여 자신이 쓴 것을 퇴고할 수 있다. 다시 말해 계획하는 것이 가능하다. 또한 자신이 쓰고 있는 것이 눈앞에 있으므로 기억해 둘 필요가 없다. 읽는 이 역시 원한다면 천천히 시간을 들여 읽을 수 있을 뿐만 아니라, 잘 모를 때에는 몇 번이고 앞뒤로 오가면서 읽을 수 있다.

한편 화자의 경우는 어떠한가? 정보 처리라는 점에서 생각해 보면, 이전 이야기의 기억 위에서 한정된 시간 내에 무엇을 어떻게 말할지를 생각하면서 동시에 이것들을 언어라는 형식, 더욱이 음성의 형태로 표현한다고 하는 처리를 순간적으로 해내지 않으면 안 된다. 대화는 화자와 청자가 서로 협력해서 만들어가는 것이므로, 청자의 반응을 확인하면서 이를 수용해야 한다. 반응을 보면서 자신의 발화에 수정을 가하거나 혹은 청자로부터 수정이 가해지거나, 때로는 이야기 도중에 끼어들기를 당하는 경우도 있다.

Levelt(1989)에 의하면, 이러한 구어의 산출 과정은 ① 개념화, ② 언어화, ③ 발음화의 과정으로 파악된다고 한다. 즉 구어의 산출은 말하고자 하는 내용을 창조하는 것(개념화), 그것을 언어의 형태로 전환하는 것(언어화), 그리고 그것을 해당 언어에서 허용된 음성의 연속으로 표출하는 것(발음화)의 세 영역을 가진다는 것이다. 게다가 동시에 이 세 영역은 대화 상대의 반응에 적합한지 아닌지의 관점에서 항상 모니터 되어야 한다. 화자는 각각의 영역에 있어 자신의 축적물 중에서 선택하면서, 동시에 그 선택이 타 영역에 적합한지 아닌지 상호 관련시키면서 최종적인 발화라고 하는 결과물을 만들어 낸다.

Levelt의 모형은 본래 제1언어를 대상으로 한 모형이다. 그렇다면 제2언어에서는 과연 어떠할까? 개념화, 언어화, 발음화의 세 영역, 그리고 수행 상황의 모니터에 대해 구체적으로 생각해 보자. 개념화의 영역에서는 언어 특유의 측면은 미비하다고 할 수 있다. 생각하는 것 자체가 언어에 의해 좌우되는 상황으로는, 문화와 밀접하게 관련되어 있는 스키마나 제2언어를 통해 처음으로 획득한 장르지식 등을 들 수 있다. 한편 언어화와 발음화의 영역은 제2언어 화자에게 있어 크게 문제가 되는 영역이다. 언어에는 그 언어 고유의 규칙이 있기 때문이다. 따라서 특히 언어학습의 초기 단계에서는 이 두 영역에서의 제약이 크다. 즉 말하고 싶은 것(개념화)과 말할 수 있는 것(언어화, 발음화) 사이의 격차가 그것이다.

개념화와 그 외 두 영역은 어떻게 관련되어 있는 것일까? 독해 모형의 절에서 검토한 보상 모형이 구어의 산출에도 적용된다고 한다면, 이 세 영역 간에도 보상 관계가 있다는 것을 추측할 수 있다. 이 추측은 ESL(English as s Second Language) 학습자를 대상으로 한 연구에서 검증되었다. Selinker 등에 따르면, 익숙한 담화 영역일수록(어떤 관계의 사람과 어떤 화제로 어떤 타입의 언어행동을 취하는가) 정확하고 유창하게 제2언어 산출이 가능하다고 한다(Selingker & Douglas, 1985). 또한 담화 영역보다 작은 대화의 화제에만 초점을 맞춰 관찰해 보아도, 잘 알고 있는 화제일 경우에는 모어화자와의 대화라도 비모어화자가 주도권을 잡을 수 있다는 것이 보고되었다(Zuengler & bent, 1991). 언어능력이라는 점에서 모어화자가 당연히 우위를 차지하지만 대화의 화제에 관한 지식의 유무 혹은 정도가 영향을 미치므로, 해당 화제에 관한 지식이라는 점에서 비모어화자가 우위인 경우에는 모어화자가 아닌 비모어화자가 그 대화를 주도해 간다는 것이다.

이러한 사실은 무엇을 의미하는 것일까? 우선 제2언어 학습자의 경우, 정확성·유창성이라는 점에서 특히 상황의 영향을 받기 쉽다는 것을 알 수 있다. 화제나 담화 영역에 정통해 있다고 한다면 산출이 용이해진다. 개념화에 들일 힘을 다른 두 영역, 즉 언어화와 발음화에 충당할 수 있으므로 결과적으로 언어 면에서의 정확성이나 유창성이 증가되는 것이다. 이것은 개념화의 영역과 언어화·발음화의 영역 사이에 보상 관계가 작용하고 있다는 증거로 생각될 수 있다.

이는 제2언어 학습자는 일반적으로 언어화·발음화 영역의 자원이 (모어화자에 비해) 부족하므로, 개념화 영역의 활용을 통해 언어화·발음화에 충분한 힘을 쏟도록 하는 것의 중요성을 시사한다. 가령 제1언어에서 내용적으로 잘 알고 있는 것을 대화의 화제로 삼는다거나, 초등학생이나 중학생과 같은 연소자일 경우 교실에서 배우는 내용을 제1언어로 미리 충분히 학습한 후에 교실에서의 수업에 임하는 식의 선행 학습(岡崎, 1997) 등이 하나의 방법이 될 수 있다.

## (2) 말하기의 숙달 – 말하기를 어떻게 가르칠 것인가?

### 1) 말하기 연습을 언제 도입할 것인가?



제2장의 [구어의 특징]과 제3장의 [대화하는 과정에서 화자는 무엇을 하고 있는가?] 에서 상술한 바와 같이, 일상 대화의 화자에게 있어 그렇게 어려운 문법이나 풍부한 어휘는 요구되지 않는다. 언어 영역에서 필요한 것은 한정된 쉬운 문법과 한정된 수의 어휘이다. 예를 들어 화자는 종속절을 수반하는 것과 같은 복잡한 문법 구조를 가진 긴 문장을 거의 사용하지 않는다. 반대로 구나 절을 순차적으로 배열하거나 휴지나 억양을 적절히 사용하거나 대화의 문맥을 활용하거나 대화자와 협력하면서 문장을 완성해간다. 또한 언어에서의 문제는 개념화, 즉 내용이나 문맥에서 보충할 수 있다고 하였다.

이러한 것을 생각해 볼 때 대화를 가능하게 하기 위해서는 우선 어느 정도의 문법이나 어휘 학습을 한 후 그것을 마친 단계에서, 이를 바탕으로 대화 학습을 시작해야 한다고 하는 진행 방식은 재검토되어야 할 것이다.



문법 정착을 위한 문형 연습pattern practice에는 여러 가지 방식이 있다. 교사의 발화를 일제히 반복하는 것에서부터 교사의 신호에 맞춰 문장을

확장하거나 일부를 보충하여 문장을 완성하는 것 등 다양하다. 그 중에는
아래의 예와 같이 학습자 측의 신정보를 받아들인 [질문→대답](Q & A)과
같은 것도 있다.

일본어 원문

先生 : フェンさん、フェンさんは晩ご飯は何を食べましたか。

学生 : はい、私は、晩ご飯はごはんと野菜を食べました。

先生 : ごはんと野菜はおいしかったですか。

学生 : はい、ごはんと野菜はおいしかったです。

先生 : よかったですね。それでは、ターさん。ターさんは朝ご飯は何を食べました
　　　たか。

学生 : はい、私は、朝ご飯はパンと卵を食べました。

先生 : パンと卵はおいしかったですか。

学生 : はい、パンと卵はおいしいでした。

先生 : パンと卵は?おいし……かったです…ね。

学生 : あ、はい、おいしかったです。

先生 : はい、そうです ね。


한국어역

교사 : 펜씨, 펜씨는 어제 저녁에 무엇을 먹었어요?

학습자 : 네, 저는 어제 저녁에 밥과 반찬을 먹었어요.

교사 : 밥과 반찬은 맛있었어요?

학습자 : 네, 밥과 반찬은 맛있었어요.

교사 : 그래요, 그럼 타씨, 타씨는 오늘 아침에 무엇을 먹었어요?

학습자 : 네, 저는 빵과 우유를 먹었어요.

교사 : 네, 빵과 우유는 맛있었어요?

학습자 : 네, 빵과 우유는 맛있어요.

교사 : 빵과 우유는? 맛있…었…어요?

학습자 : 아, 예, 맛있었어요.

교사 : 네, 그렇군요.

이와 같은 활동에서 학습자는 어떠한 언어학습을 경험하고 있는 것일까? 교사에게 있어서 Q&A 활동의 주된 목적은 동사나 형용사의 과거형이 정착되었는가를 확인하는 것이다. 이것은 학습자에게도 동일한 것인가? 만일 교사와 학습자 양쪽 다 동사·형용사 과거형의 정착만을 목적으로 한다면, 이와 같은 Q&A 활동은 진정한 대화 연습이라고 할 수 없다.

위의 Q&A 활동을 자세히 살펴보자. 학습자는 언어형식의 정확성에 주의력을 집중시킬 것이 예상된다. 밥과 반찬을 먹었다고 말한 펜フェン이라는 학습자는 실제로 전날의 저녁 식사로 밥과 반찬을 먹었을까? 어쩌면 편의상 그렇게 말했을지도 모른다. 만일 여기에서 펜이 전날에 먹은 것을 열심히 생각해 내려고 시간을 소비하거나 먹은 것을 나열하다가 그 중에서 모르는 어휘에 당면했을 경우에는, 펜에 대해 [이제 충분하니까 그만]이라는 분위기가 교사나 다른 학생들로부터 전해질 것이 예상된다. 다시 말해 이러한 활동은 최근에 먹은 것을 소재로 분위기를 살리려는 식의 일상 대화가 아니라, 문형을 이해하고 발화하는 장인 것이다.

이와 같은 교사와 학습자의 상호작용은 교실 담화의 전형이라고 일컬어지는 I(initiation : 개시)-R(response : 반응)-E(evaluation : 평가) 유형으로 이루어진다. 즉 교사가 담화를 시작하고, 그것에 대해 학생이 그대로 반복하거나 단문으로 답하면 그 답을 교사가 평가함으로써 일련의 담화가 끝나는 식이다. 평가는 상기 예의 교사의 발화9에 나타나듯이, 형용사 과거형에 초점이 맞춰지거나 정정이라는 형태로 나타나기도 한다.

이와 같은 IRE 유형으로 말하는 능력을 키우기는 어렵다. 어떤 학습자는 교실 안에서는 말하고 들을 수 있지만 교실 밖에서는 도무지 알아들을 수 없다고 성토하기도 한다. 그 원인 중의 하나로, 교실 안에서의 말하기 연습이 교사와의 IRE 유형만으로 제한되어 있는 것을 들 수 있다. 교실 밖에서 제2언어를 사용해 의미 있는 상호작용을 실현시킬 수 있는 능력을 키우려고 한다면, 이러한 유형 이외의 다른 연습이 필요하다.

　의미 있는 대화를 나눌 수 있는 능력은 문법에 관한 지식만으로 이루어지는 것이 아니다. 그 외에 적절한 상황에서 적절한 것을 말할 수 있는 능력, 대화를 시작하고 참가하고 끝내거나 혹은 이야기를 일관성 있게 전개할 수 있는 능력, 그리고 말하고 싶은 것을 효과적으로 전하거나 그렇지 못할 경우에는 적당한 전략을 써서 빠져 나갈 수 있는 능력 등도 문법지식 못지않게 중요하다. Canale & Swain은 이러한 능력을 의사소통 능력 communicative competence이라 칭하고, 이의 구성 요소로서 문법적 능력 grammatical competence, 사회언어적 능력socio-linguistic competence, 담화 능력discourse competence, 전략적 능력strategic competence의 네 가지 요소를 들고 있다(Canale & Swain, 1980). 그러나 앞서 본 IRE 유형의 참가만으로는 이와 같은 능력의 어느 한 가지도 경험하지 못한다.

　또한 IRE 유형의 상호작용에서도 알 수 있듯이, 이는 전술한 구어의 특징으로 든 7항목 중 어디에도 해당되지 않는다.

① 발화는 완결된 문장으로 구성되지 않는다. 대신 구나 절로 구성되어 있다.
② 발화는 쌍방이 공유하는 구정보旧情報를 바탕으로 하여, 그것에 신정보新情報를 제공하는 형식으로 이루어진다.
③ 상대방과 거리를 두지 않고 개인적인 관계임을 강조한다.
④ 어휘나 문체 등에 공적인 성격이 거의 없다.
⑤ 문법이 아닌 인접되어 말해진 것에 따라 명제 간의 관련성을 나타낸다.
⑥ 수정이나 반복을 다용한다.
⑦ 공백어filler, 휴지pause, 억양intonation이 있다.

위의 상호작용에서 사용되는 언어는 구어보다 문어에 가까우며 전형적인 구어와는 상당한 거리가 있다. 또한 인접쌍adjacency pair의 응답부에서 [반복]이 나타나는데(밥과 반찬, 빵과 우유), 이는 일상적인 대화에서 전형적으로 볼 수 있는 반복과는 다른 식으로 사용되고 있다.

그리고 [개념화-언어화-발음화]를 대화상대자의 반응을 고려하고 모니터하면서 선택하거나 조합해서 최종적인 발화에 이르게 한다고 하는, 화자로서의 경험을 쌓고 있는가라는 점에서 보아도 그러한 것들은 관찰되지 않는다. 왜냐하면 우선 개념화와 언어화와의 관계를 보더라도 말하고 싶은 것을 자신의 언어 목록에 비추어 선택한다고 볼 수 없기 때문이다. 일단 말할 수 있는 것을 말하는 식이다. 또한 대화자인 교사의 반응에 맞춰 자신의 발화를 조정하는 등의 행동은 전혀 찾아볼 수 없다.

따라서 수중의 문형이나 어휘가 적으면 적은 대로 그것을 바탕으로 어떻게든 상대방과의 의미 있는 상호작용을 만들어낼 수 있을지를 생각하고 궁리하면서 대화에 임하게 하는 학습이 좀 더 중시되어야 한다. 다시 말하면 학습 초기 단계부터 문법이나 어휘학습과 병행하여 말하는 것을 학습하는 방식이 더해져야 할 것이다.

### 2) 말하기 교재·교실 활동을 어떤 기준으로 선택할 것인가?



비타민이 건강 유지에 중요한 역할을 한다고 해서 비타민제만을 섭취하도록 장려하는 것은 옳지 않다. 여전히 많은 종류의 식품을 섭취하는 쪽이 장려될 것이다. 식품을 섭취함으로써 필요한 비타민뿐만 아니라 동시에 현재의 과학으로는 밝혀지지 않았으나 신체에 중요한 작용을 할 수도 있는 여타 물질도 섭취할 수 있기 때문이다.

이와 마찬가지로 가장 중요한 것은 개별적인 대화의 구성 요소가 아니라 대화 자체를 전반적으로 경험하는 것이다. 대화를 위해 필요한 것은 문법이나 어휘 혹은 특정 패턴과 같이 지식과 관련된 것도 있지만, 대부분은 사용(연습이나 경험)을 통해 획득되는 기능이다.

그러므로 말하기 지도에서의 대전제는, 학습자가 실제로 화자가 될 수 있는 장을 제공하여 현실적인 대화를 경험하게 하는 것이다. 현실적으로 말한다는 것 자체를 하지 않고 대화를 구성하는 문법이나 어휘 등의 요소를 지식으로서 아무리 주입한다 해도 말할 수 있게 되지는 않는다. [일단 지식(교사에 의한 설명) 그리고 나서 실행(학습자에 의한 연습·응용)]이라는 공식이 당연시되는 경향이 있으나, 학습자 개개인의 인지나 학습 스타일의 다양성에 주목한다면 학습자가 주체적으로 시행착오를 거치는 가운데 의식적으로 학습할 수 있게 되는 것이 무엇보다 중요하다고 하겠다.



## _기준의 정립 방식과 의사소통상의 긴장 communicative stress

학습자가 대화를 경험한다고 할 경우 기본적으로 두 가지 방식이 있다. 첫 번째는 학습자의 자유의사에 맡기는 방식이다. 즉 자유롭게 대화하는 중에 자연발생적 또는 우발적으로 무언가 학습되기를 기다리는 것이다. 두 번째는 교사가 의식적으로 학습을 유도해 가는 방식이다. 양쪽 다 좋게 평가되는 부분이 있으나 두 방식이 양극을 이루는 연속체를 형성하므로, 양쪽의 교실 활동을 예로 들다 보면 다양한 학습을 제공할 수 있다.

여기에서는 후자의 교사가 유도하는 경우에 초점을 맞춰 그 가능성에 대해 생각해 보겠다. 이때의 핵심어는 [성공경험]이다. 교사는 종종 학습자에게 너무 쉬운 과제 혹은 반대로 너무 어려운 과제를 부여할 때가 있다. 이럴 경우 어느 쪽이 학습자에게 더 유해한가 하면, 많은 교사가 실감하듯 과도하게 어려운 과제를 주는 경우이다. 더욱 분발해서 학습에 도전하는 경우도 없지는 않으나 좌절감만이 남아 학습 의욕이나 동기를 근본적으로 소멸시키는 경우가 대부분이다. 성공경험을 맛보게 하는 것을 중시한다면, 학습자에게 있어 쉽다고 생각되는 과제에서 점차 어렵다고 여겨지는 순으로 제시해 나갈 필요가 있다.

과제 ▮ (1) 학습자에게 부여하는 과제를 쉬운 것에서 어려운 것으로 배열한다는 입장에, 만일 생각지 못한 함정이 있다면 어떤 것을 들 수 있는가?
(2) 쉬운 것에서 어려운 것으로 배열할 경우의 기준은 어디에 근거하면 좋은가?

무엇이 학습자에게 있어 쉬운 것일까? 이 경우 문법이나 어휘를 기준으로, 즉 언어의 구조에 주목하는 것이 일반적인 생각이라 여겨지지만, 여기에서는 이러한 생각에 대신하여 Brown & Yule(1983)이 제창하는 [의사소통상의 긴장communicative stress]이라는 개념을 사용해 학습자로부터 출발하는 기준의 정립 방식에 대해 검토한다.

[의사소통상의 긴장]이란 무엇일까? 어떤 상황에서는 쉽고 기분 좋게 자신의 능력 전부를 발휘해 말할 수 있는데, 다른 상황에서는 정반대로 말하기 어렵고 자신의 능력을 제대로 발휘하지 못해 불만족스러운 기분, 즉 좌절감만이 남았던 그런 경험을 누구나 해보았을 것이다. 어느 쪽이 될지를 정하는 것이 바로 의사소통상의 긴장이다. 이것이 약할수록 말하

기 쉽고 반대로 강할수록 말하기 어려워진다.

Brown & Yule(1983:34-저자역)은 의사소통상의 긴장을 다음의 세 가지로 나누고 있다. 이에 근거하여 과제의 난이도에 관해 생각해보자.

### ① 화자를 둘러싼 상황

청자 : 자신의 동료나 후배 쪽이 말하기 쉽고, 한 명을 상대하는 편이 많은 사람을 상대하는 것보다 말하기 쉽다.

상황 : 자신이 잘 알고 있는 사적인 환경에서 말하는 편이 말하기 쉽다.

### ② 청자의 지식

언어 : 청자가 자신과 비슷한 정도의 언어능력을 가진 편이 말하기 쉽다.

정보 : 청자가 화자에게 있어 필요하기는 하나 화자가 가지지 못한 정보를 지니고 있으면 말하기 쉽다. 화자는 청자가 그 정보에 관해 충분히 알고 있으므로 그것을 전하고자 하는 동기도 높아진다.

### ③ 과제의 유형

지식 : 과제를 푸는 데 필요한 지식이 있거나, 과제 달성의 핵이 되는 어휘를 이미 알고 있으면 말하기 쉽다.

과제의 구조 : 과제 자체가 이야기의 전개 구조를 내장하고 있으면 말하기 쉽다. 일련의 사건을 서술하는 쪽이 그 사건이 왜 그런 순서로 일어났는가를 설명하는 것보다 쉽다.

**과제** ■ 위에 든 세 조건을 적당히 조합하여, 학습자의 특성과 연관시켜 유형화 해보자.

의사소통상의 긴장이 부과되는 방식은 최고에서 최저까지 연속체를 이룬다. 어려운 과제란 이러한 긴장이 심한 것(한 영역에 치우치거나, 여러 영역에 평균적으로 강한 것)이며, 전형적인 예로는 다음과 같은 것이 있다.

당신은 타이 출신이다. 일본에서 언어학 학위를 받았다. 일본의 S대학에서 일본어교육 담당강사로 취업하기 위해 지금 면접시험을 치루고 있다.

시험감독관은 모두 일본어교육의 경험이 풍부한 분들이다. 미국인 유학생을 위한 코스 디자인에 관해 구체적인 방법과 이론적 근거를 설명하도록 요청되었다. 자신의 전공은 일·타이 대조화용론이며 코스 디자인은 전공이 아니다.

이러한 경우 의사소통상의 긴장은, 위의 [화자를 둘러싼 상황] [청자의 지식] [과제의 유형]의 모든 영역에서 최고에 가까우므로 가장 어려운 과제가 된다.

단, 이 사람이 만일 일본어교육학 전공으로 미국인 유학생을 위한 코스 디자인을 실제로 경험했거나 내용을 숙지하고 있다면, 이 면에서의 긴장은 낮아져 그만큼 용이해진다. 다시 말해 [개념화-언어화-발음화]에 견주어 생각해 본다면, 잘 알고 있는 것에 관해서는 그만큼 언어화나 발음화에 주력할 수 있게 되어 정확하고 유창한 일본어가 될 확률이 높아진다.

다음은 반대로 쉬운 과제의 전형적인 예이다.

교실 안에서의 짝 활동. 상대방은 일본어 수준이 비슷한 학습자.

두 사람 다 일본요리를 좋아하고 공통의 일본인 친구에게 여러 가지 요리법을 배우고 있다. 지난주에는 자기 혼자 그 일본인 친구의 집에 가게 되어 새로운 요리를 함께 만들면서 조리법을 배웠다. 그때 가지 못한 친구로부터 그 요리의 조리법을 가르쳐달라는 부탁을 받아 지금 가르쳐 주려던 참이다.

이 과제는 의사소통상의 긴장이 매우 낮아 대단히 간단하다. 상대방은 허물없는 친구이며 화제에 대해 충분히 알고 있고, 다음에 무엇을 어떻게 말할지는 지난주 경험한 조리법의 흐름을 확실히 기억하고 있으므로 자신이 새로 무언가를 말해야 할지 생각할 필요가 없다.

그러나 이처럼 쉬운 과제도 일부를 바꾸면 어려워진다. 예를 들어 청자를 한 명이 아닌 클래스 전체로 하거나 클래스 내의 짝 활동이 아닌 시험이라는 공적인 장이라고 해보자. 또는 청자 쪽이 오히려 더 잘 알고 있고 화자는 잘 모르는 요리라고 해보자. 어떠한 경우라도 의사소통상의 긴장이 높아져 화자에게 있어 어려운 과제가 된다. 즉 긴장을 야기하는 조건을 하나하나 조작해 보는 것이다.

이와 같이 각 조건을 조작하는 것으로 과제의 난이도를 가감할 수 있다. 다시 말해 난이도는 언어의 형태가 아닌 위의 세 조건에 비추어 해당 학습자에게 있어 말하기 쉬운가 어려운가 하는 점에서 조작할 수 있다는 것이다. 학습자 개개인의 조건을 고려하지 않고 난이도를 규정할 수는 없다. 특정한 학습자·학습자군에 있어서의 난이도를 생각해야만 한다.

위의 의사소통상의 긴장 중 세 번째 항목인 ③ 과제의 유형에 대해 자세히 살펴보자. 말하기 교실에서 다루는 과제 유형은 필요충분조건인 것이 바람직하다. 이 필요충분조건이라는 기준은 추상화되고 체계화된 언어를 축으로 할 수도 있고, 모든 문맥이 포함된 구체적인 일상적 언어 활동을 축으로 할 수도 있다. Brown & Yule은 일상적 언어 활동을 대화로 한정지어 관찰한 후 아래와 같은 과제 유형을 추출하였다(Brown & Yule, 1983:109-저자역). 여기에서도 이를 근거로 논하고자 한다.

① 정적인 관계

  a. 물건이나 사진을 묘사한다.
  b. 청자에게 지시하여 표를 그리게 한다.
  c. 청자에게 지시하여 기구의 부품을 조립시킨다.
  d. 몇 가지 물건을 어떻게 배열할지 청자에게 지시하여, 그대로 배열하게 하거나 그림으로 그리게 한다.
  e. 목적지까지 가는 방법을 설명한다.

② 동적인 관계

  a. 이야기narrative를 한다.
  b. 목격자로서 어떤 사건의 증언을 한다.

③ 추상적인 관계

이는 난이도 순으로 배열된 것으로, 아래로 가면 갈수록 어려운 과제가 된다. 물론 같은 정적인 관계를 다루는 과제라 하더라도 구성 요소의 수가 늘어날수록, 요소 자체가 복잡해질수록, 그리고 요소 간의 관계가 얽혀 있을수록 과제는 어려워진다. 전술한 바와 같이 과제 유형은 의사소통상의 긴장을 구성하는 조건의 일부에 지나지 않으므로, 다른 두 조건을 조작하는 것으로 활동의 총체적인 난이도가 결정된다. 물론 어떤 학습자인지에 따라서도 난이도가 좌우된다. 위의 예는 영국에서의 영어학습자의 언어행동을 관찰하여 제기된 것이므로, 그대로 일본어교육에 적용할 수 있을지의 여부는 향후 연구 및 실천 성과의 축적에 의해 밝혀져야 할 것이다. 그렇지만 이것이 말하기 교육을 위한 학습디자인에 있어 중요한 자원임에는 틀림없다.

## 2. 쓰기 - 작문

쓰기에는 작문뿐만 아니라 문자를 쓰는 것도 포함되지만, 본 장에서는 작문에 한하여 논하기로 한다.



외국어교육 특히 일본어교육에 있어서는 작문교육을 독자적 영역으로 설정하고자 하는 시점이 취약하여 이 분야의 연구가 제대로 이루어지지 못해 왔다. 이러한 반성을 기반으로 주로 영어교육ESL을 중심으로 발표된 작문·작문교육을 둘러싼 연구의 논점을 정리하고, 일본어교육에 있어서 작문교육의 가능성에 대해 생각하고자 한다.

### (1) 작문교육과 언어교육

동일한 작문을 한다고 하더라도 제1언어의 경우와 제2언어의 경우는 상당히 다르다. 문제를 알기 쉽게 하기 위해, 작문을 듣기와 말하기에 대비되는 읽기와 쓰기로 바꾸어 생각해보자.

제1언어에서는 일반적으로 충분히 발달된 구어능력이 있고 그 원조를 받는 형태로 문어능력이 개발되어 간다. 즉 구어로부터의 지원을 받는 형태로 문어와 관련된 기능이 발달하게 된다. 그런데 제2언어에서는 대부분의 경우 이것과는 다른 과정을 거친다. 제1언어로 이미 읽고 쓰는 능력을 획득한 경우 그것이 불충분한 제2언어의 읽고 쓰는 능력을 뒷받침하여 제2언어의 발달을 촉진시킨다는 것이, 이중언어사용자bilingual를 대상으로 한 연구에서 밝혀진 바 있다(Cummins & Swain, 1986).

### 1) 제2언어 교육에 있어서의 작문기능

그렇다면 제2언어에 있어서의 작문기능이란 무엇을 말하며, 이것은 어떻게 획득되는 것일까? 이러한 물음에 대해, 제2언어에 있어서 작문 이외의 능력, 즉 말하기·듣기·읽기 등의 언어능력 자체가 발달하면 자동적으로 작문기능이 획득된다고 하는 대답이 있을 수 있다. 그러나 제2언어에서 말할 수 있게 된다고 해서 부수적으로 자연스럽게 읽고 쓸 수 있게 된다고는 할 수 없다. 왜냐하면 말하기가 가능해지는 것과 읽고 쓰기가 가능해지는 것은 반드시 일치하지 않으며, 읽고 쓰는 능력 없이도 말하는 능력을 발달시키는 것은 충분히 가능하기 때문이다.

따라서 작문기능은 여타 언어능력과는 별개의 것이며, 그 교육도 독자적인 영역을 가진다고 생각된다. 작문교육은 이러한 읽고 쓰는 능력을 양성하는 개별적인 영역인 것이다.

제1언어로 읽고 쓰는 능력을 획득한 후에 제2언어 학습을 시작하는 학습자가 많다는 현 상황 하에서 다음으로 문제가 되는 것은, 제1언어에서의 작문능력이란 무엇이며 그것은 제2언어에서의 작문능력 발달과 어떻게 연관되어 있는가 하는 것이다. Cummins & Swain에 의하면, 제1언어와 제2언어의 심층에는 공유 능력common underlying proficiency이 존재한다고 한다. 따라서 동기가 있고 충분한 입력이 주어지면 제1언어에서 획득한 읽고 쓰는 능력이 제2언어로 전이되며 반대로 제2언어에서 획득한 것이 제1언어로 전이된다고 하여, 이를 상호의존 가설Interdependence Hypothesis이라고 명명하였다. 상호의존 가설에 의하면, 제1언어에서 획득한 읽고 쓰기에 관련된 능력이 제2언어에서도 발휘되는 것으로 예측된다. 단 이러한 전이가 가능하기 위해서는 양쪽의 언어능력이 어느 정도의 기초수준thre-shold level of proficiency에 도달되어 있어야 한다는 조건이 필요하다. 이를 기초수준 가설 혹은 문지방 가설Threshold Hypothesis이라 한다.



〈hint〉기초수준 가설에서 상정되는 기초수준이 중급 정도의 수준이라고 한다면, 제1언어의 읽고 쓰는 능력이 제2언어로 전이되는 것은 중급 이후가 된다. 따라서 초급 수준에서는 제1언어로 우수한 읽고 쓰기 능력을 보유하고 있다 하더라도 제2언어에 영향을 줄 것으로 기대할 수 없다. 그러나 중급이나 상급이 되면 제1언어의 작문능력이 뛰어난 경우 제2언어에서도 좋은 작문을 쓸 것으로 예측된다.


그러나 제1언어에서 제2언어로의 전이에 관해 해명되지 않은 부분도 있다. ESL의 상급자와 초급자의 독해 과정을 비교한 연구가 있다. 기초수준을 훨씬 넘었다고 여겨지는 상급자는 제1언어에서 획득한 하향식의 독해전략의 전이에 성공하여 그 결과 제2언어에서도 하향식으로 읽을 수 있게 될 것으로 추정된다. 그런데 이 예측에 반한 결과가 나온 것이다 (McLaughlin, 1987). 즉 상급자가 되어도 여전히 사용하고 있는 전략은 제2언어에 특징적인 상향식 전략이었던 것이다. 읽기와 쓰기를 동시에 대상으로 한 연구에서도 동일한 경향이 나타나, 제1언어에서 제2언어로의 전략의 전이는 개인에 따른 차이도 있다는 것이 지적되었다.

여기에서 알 수 있는 것을 읽기·쓰기 기능에 한해 본다면, 첫째로 제2언어에서 읽기·쓰기 이외의 기능 능력이 향상된다 하더라도 제1언어에서 획득한 읽기·쓰기 기능이 자동적으로 전이된다고 말할 수 없으며, 둘째로 제1언어를 통해 획득한 전략 등의 전이를 확실히 하기 위해서는 어떤 형태로든 도움이 필요하다는 것이다.

그렇다면 도움이란 구체적으로 어떤 것인지에 대해 생각해보자. 이를 위해서는 사람이 문장을 만들어서 쓸 때 어떤 일을 하는지, 즉 작문 과정에서 취하는 전략을 밝힐 필요가 있다. 다시 말해 쓰인 것product에 초점을 맞춰 그 형식이나 구조의 특징을 분석할 뿐만 아니라, 쓰는 과정 process에도 주목하여 그 과정에서 의식적·무의식적으로 어떤 전략이 취해지는가를 알아보는 것이다.

작문과정에서의 전략을 다룬 연구에 의하면, 제1언어와 제2언어에 있어 작문에 숙달된 사람은 특정한 공통 전략을 사용한다고 한다. 그것이 무엇인지에 대해 상세히 살펴보자.

### 2) 작문에 숙달된 사람

과제 ▮ 작문하는 과정에 있어 숙달된 사람은 어떠한 것을 행하고 있다고 생각하는가? 미숙한 사람과 대조하여 그 특징을 들어보자.

일상적으로 느낄 수 있듯이 제1언어에 있어 모든 사람이 쓰는 것에 숙달되어 있지는 않다. 오히려 대부분의 사람들이 제2언어는 물론 제1언어에 있어서도 자신을 미숙하다고 여긴다. 지금까지의 연구에 의하면, 쓰기에 숙달된 사람은 제1언어·제2언어를 불문하고 쓰기 과정에서 비슷한 일을 행한다. 다시 말해 비슷한 전략을 취하는 것이다(Kroll, 1991).

작문과 관련된 연구결과를 정리한 Krashen은 쓰기에 숙달된 사람과 미숙한 사람을 나누는 기본적인 상이점으로 다음의 두 가지를 들고 있다 (Krashen, 1984). 하나는 읽는 절대량의 차이이고, 또 하나는 실제 쓰기 과정에서 양자가 취하는 전략의 차이이다.

### a. 읽는 양의 차이

쓰기에 숙달된 사람은 미숙한 사람에 비해 일반적으로 책을 많이 읽는
다. 특히 교실 밖의 교사의 시선이 미치지 않는 곳에서 자신의 취미나 관
심에 따라 자율적으로 행하는 독서량이 압도적으로 많다는 것이다. 어째
서 쓰기에 숙달된 사람은 많이 읽는 것일까? 많이 읽는다는 것이 쓰기에
숙달된 사람으로 만드는 것일까? 많이 읽는다는 것이 쓰기의 숙달에 어
떤 작용을 하는 것일까?

문어에는 독자적인 규칙이 존재한다. 예를 들어 시에는 시 특유의, 평
론문에는 평론문 특유의, 그리고 좀 더 광범위하게 문어에는 구어와는 다
른 문어 특유의 규칙이 있다. 이러한 규칙은 쓰는 사람이 자신의 의도를
독자에게 정확히 전하기 위해 그에 충실히 따르는 것이므로, 전부는 아닐
지라도 쓰인 것에 결과적으로 나타난다고 볼 수 있다. 구체적으로는 문
자, 문형, 문장 구조와 같은 것이다.

많이 읽는다는 것은, 읽는 과정에서 이러한 것들과 접함으로써 이를
지배하고 있는 규칙에 대해 의식적·무의식적으로 이해하고 획득해가는
것을 의미한다고 할 수 있다. 다시 말해 많이 읽음으로써 문어의 규칙을
자연스럽게 자신의 것으로 만든다는 것이다. 이렇게 생각한다면 많이 읽
는 것은 쓰기에 숙달된 사람이 되기 위한 필요조건이며, 숙달된 사람이
미숙한 사람에 비해 읽는 양이 많다는 것은 당연한 이치이다. 이는 곧 좋
은 시를 쓰고 싶다면 좋은 시를 가능한 한 많이 읽고, 좋은 논문을 쓰고
싶다면 우수한 논문을 많이 읽으라는 식의 조언에 부합하는 것이다.


### b. 작문 전략의 차이

다음으로 쓰기에 숙달된 사람과 미숙한 사람이 취하는 전략의 차이를
알아보도록 하자. 양자 간에는 다음과 같은 차이가 있다(Krashen, 1984;

Krapels, 1991). 첫째, 숙달된 사람은 무엇을 쓸지(내용) 그리고 어떻게 쓸지(윤곽)에 관해 쓰기 전에 시간을 들여 계획을 짠다. 이 계획은 서식을 갖춘 것일 필요는 없고 대략적인 것으로, 사고의 진전에 따라 몇 번이고 변경되는 것이기도 하다. 계획을 짠다는 것은, 다시 말하면 계획을 짜는 과정에서 자신의 사고를 정리하고 심화한다는 것이다. 한편 미숙한 사람은 그러한 계획 없이 곧바로 쓰기 시작한다고 한다.

둘째, 숙달된 사람은 쓰고 있는 중에 자신이 쓴 것을 자주 되읽으며 써 나간다. 이것은 중도의 탈선을 막고 처음부터 끝까지 일관된 맥락을 유지하기 위한 전략으로 생각되나, 미숙한 사람에게는 그러한 경향이 보이지 않고 지금 현재 쓰고 있는 부분에만 집중하는 일이 많다.

셋째, 퇴고와 연관된 차이이다. 숙달된 사람은 하나를 완성하기 위해 재차 퇴고하는 데 비해, 미숙한 사람은 그만큼의 퇴고를 하지 않는다. 한 번에 쓰고 그것으로 끝낸다. 또한 퇴고의 방식에도 차이가 있다. 숙달된 사람은 내용을 점검한다. 전체적인 설득성을 높이기 위해 큰 폭의 수정을 마다하지 않는다. 그런데 미숙한 사람은 내용을 고치는 일은 거의 없고 표현과 같은 언어의 형식에 초점이 맞춰진다.

넷째, 미숙한 사람의 경우 [계획→초고→점검→정서]와 같은 순서의 일방향적인 작업인 데 반해, 숙달된 사람의 경우 그와 같은 명확한 일방향의 선적인 작업이 아니다. 쓰고 있는 중에 새롭게 생각나는 것이 있을 경우에는 처음의 계획을 변경한다든지 하는 것처럼, 숙달된 사람에게 있어 쓰는 과정은 자신이 표현하고 싶은 것을 자타에게 명확히 전하고 또한 자신의 사고 자체를 재창조하여 전진시키기 위한 과정이기도 하다. 따라서 [계획→초고→점검→정서] 대신 [계획-초고-점검] 사이에서 몇 번이고 왕복하곤 한다.

다섯째, 숙달된 사람의 경우에는 누구를 향해 쓰고 있는지, 즉 구체적인 특정한 독자를 항상 의식하여 마치 그 사람과 대화하듯이 쓴다. 한편 미숙한 사람은 독자를 특정 짓지 않을 뿐 아니라 애당초 의식하지도 않는다.

이상을 정리하면, 숙달된 사람은 많이 읽는 중에 무의식적으로 자신이 쓰려고 하는 장르 특유의 규칙을 이해·습득하고, 동시에 쓰는 작업 중에 여러 전략을 구사하면서 자신의 생각을 정리하거나 발전시켜 이를 문장의 형태로 표현한다. 그러나 미숙한 사람은 별로 읽지 않고 그 결과 문어 특유의 규칙이 내재화되지 못한다. 동시에 쓰는 중에 자신의 생각을 정리하거나 새롭게 창조하는 일이 거의 없다. 쓰는 것과 생각하는 것이 분리되었다고 할 수 있다.

### 3) 작문지도법의 역사적 변천

제2언어에서의 작문지도는 어떻게 이루어져 왔는가? 외국어교육에 있어서 작문교육의 변천을 역사적으로　(제2차 세계대전 이후) 살펴보면, 1950년대에 전성기를 이룬 제한 작문 접근법Controlled Composition Approach, 70년대 중반부터 확대된 신구 수사 접근법Current-Traditional Rhetoric Approach, 80년대에 등장한 과정 중심 접근법Process Approach, 그에 이은 학문 목적 영어 접근법English for Academic Purposes Approach 의 네 가지로 분류된다(Silva, 1991). 이러한 접근법은 일본어교육에서의 작문지도 현황을 이해하고 향후의 방향성을 가늠하는 데 참고가 될 것으로 여겨지므로 간략히 검토해 보기로 한다.

### a. 제한 작문 접근법 Controlled Composition Approach

제한 작문 접근법은 청각구두식 교수법의 틀 안에서 행해진 작문지도
방법이다. 청각구두식 교수법에서의 언어란 구어speech를 말하며 언어학
습이란 습관 형성을 의미하는 것으로, 쓰기는 구두연습에서 형성된 습관
을 더욱 강화하는 것이라는 이차적인 역할에 지나지 않는다. 또한 쓰는
사람에게 기습의 문형이나 어휘를 조작하는 것 이상의 역할은 기대되지
않는다. 따라서 무엇을 쓰는가보다 어떻게 쓰는가, 즉 목표로 설정된 기
습 문형과 어휘를 문맥 중에서 어떻게 활용하여 정확히 쓰는가가 중시된
다. 한편 독자는 대부분의 경우 교사로 제한되는데 그 교사는 쓴 내용에
는 그다지 관심을 보이지 않는다. 그러나 사용된 문형이나 어휘의 정확성
에는 강한 관심을 가져 문형이나 어휘의 정확성을 판단하는 이른바 편집
자나 심판자의 역할을 한다. 작문이란 목표 문형과 어휘를 모아 놓은 것
으로, 문형 연습의 관점에서 그 의의를 찾는다.

일본어교육에 있어 이 접근법이 많은 현장에서 폭넓게 사용되고 있는
듯 하다.

### b. 신구 수사 접근법 Current-Traditional Rhetoric Approach

제한 작문 접근법에 이어 각광을 받은 것이 60년대 후반부터 ESL을 중
심으로 확대된 신구 수사 접근법이다. 결론적으로 말하면 작문은 그저 문
법적인 문장을 늘어놓은 것만으로는 부족하고, 문장 차원뿐만 아니라 담

화나 수사적인 차원에 있어서도 패턴이 있으므로 그것에 관한 연습이 필요하다고 하는 것이다.

구체적으로는 장르(서술문, 묘사문, 해설문, 논설문 등), 각각의 장르에 따른 논리구조(기승전결이나 기술열거, 비교대조, 인과설명 등), 각각의 상황에 맞는 기능(설명, 예시, 비교·대조, 분할, 정의, 인과관계 등)을 습득하고, 이들을 충분히 구사할 수 있게 되는 것을 작문능력의 신장이라고 본다. 일본어교육에서 [문장론]으로 간주되는 영역과 유사하다고 할 수 있다.

교실 활동에 있어서는 문장 차원에서의 형식에 초점이 맞춰진다. 예를 들어 한 단락을 읽게 하고 그 단락이 어떤 구조로 이루어졌는지 분석하게 한다. 그리고 각각의 부분이 단락 전체에서 어떤 기능을 하는지, 이것이 어떤 특정한 말로 표현되어 있는지 등을 찾게 한다. 이것이 끝나면 지금 분석한 것을 모형으로 삼아 이번에는 스스로 쓰기를 통해 형식에 익숙해지도록 한다.

과제 ■ (1) 신구 수사 접근법과 제한 작문 접근법의 공통점과 상이점에 대해 생각해보자.
(2) 위의 두 접근법에 있어 쓰기에 숙달된 사람이 되려고 할 경우, 학습자가 획득할 수 있는 것과 없는 것을 들어보자.

### c. 과정 중심 접근법 Process Approach

제한 작문 접근법과 신구 수사 접근법에서는 쓰는 사람이 쓰는 작업을 통해 사고를 키워가고 이렇게 심화된 사고가 다시 쓰는 작업을 발전시킨다는 과정 자체에는 거의 관심을 두지 않는다. 이러한 비판으로부터 80년대에 들어 등장한 작문 지도법이 과정 중심 접근법이라고 불리는 것이다. 작문이란 [계획을 짠다→윤곽outline을 잡는다→문장화한다]라는 선적인 과정을 의미하는 것이 아니라, 새로운 것이 생각나면 원래의 계획을 수정하는 과정을 몇 번이고 경험하는 가운데 창조적 사고를 펼쳐가는 과정 전체로 여겼던 것이다.

이 접근법에서는 학습자가 다양한 전략을 효과적으로 활용함으로써 사고를 심화시키고, 그것을 작문이라는 형태로 표현할 수 있도록 원조하는 것을 교사의 역할로 생각하였다. 구체적으로는 다음의 5항목으로 이루어지는 작문 과정이 막힘없이 진행되도록 각 단계에서 교사가 적절한 원조를 하는 것이 기대된다.

① 쓰기 과정의 개시
   -화제를 발견한다, 화제에 관련된 정보를 모은다, 자신의 의견을 정리한다, 초점을 정한다, 윤곽을 잡는다.
② 복수의 윤곽 잡기
   -복수의 윤곽을 잡고 이를 통해 자신의 사고를 심화시킨다.
③ 쓰기
   -써나간다, 표현하고자 하는 의미에 주의한다, 전체를 고려하며 쓴다.
④ 대폭적인 수정
   -새로운 단락을 첨가한다, 단락을 삭제한다, 단락을 바꾼다, 사고를 재검토한다.
⑤ 검토
   -어휘, 문형, 문법, 수사 등의 형식적인 부분을 정정한다.

이상의 과정에서 알 수 있듯이, 이 접근법에서는 작문을 쓰는 사람이 중심이 되어 자신이 무엇을 표현하고자 하는가를 발견해가는 과정으로 생각한다. 교사는 쓰는 사람이 표현하고자 하는 생각이나 의견에 주목하여 그것을 보다 잘 끌어낼 수 있는 피드백을 행한다. 어휘나 문형의 정확성에 얽매이는 것이 아니다. 간단히 말해 전술한 두 접근법은 위의 ①에서 ④의 과정은 문제 삼지 않고 처음부터 ⑤만을 문제시하지만, 과정 중심 접근법에서는 이와 반대로 ①에서 ④에 초점을 맞추고 언어형식상의 정정은 마지막까지 보류한다는 것이다.

과정 중심 접근법을 전략적인 면에서 보면, 쓰기에 숙달된 사람이 사용하는 전략의 많은 부분에 주목한다는 것을 알 수 있다. 그러나 [구체적인 독자를 의식하며 쓴다]는 점에 대한 주목은 미약하다. 전술한 두 접근법에서의 교사의 역할은 [판정자]로 작문의 정확성이나 적절성을 판단하는 것이다. 따라서 작문을 하는 사람은 판정자인 교사를 향해 정확성이나 적절성에 최대한 유의하면서 쓰게 된다. 한편 과정 중심 접근법에서는 [누구를 향해 쓰는가], [무엇을 위해 쓰는가]라는 측면은 그다지 중시되지 않는다고 할 수 있다.

### d. 학문 목적 영어 접근법 English for Academic Purposes Approach

대학과 같은 고등교육을 목적으로 하는 학습자에게 있어서는 무엇보다도 시험에 합격하는 것이 중요하다. 또한 대학에서 보고서나 논문을 쓸 수 있는 능력도 중요하다. 이러한 요구needs를 지닌 학습자에게 있어, 사고의 심화 자체에 중점을 두어 어떠한 문맥에서 어떠한 것이 기대되는가를 경시하는 경향을 띠는 과정 중심 접근법은 그다지 효과적이지 않다고 하는 비판이 있다.

학문 목적의 제2언어를 필요로 하는 학습자는, 우선 자신의 전문 영역에서 무엇이 기대되는가를 숙지한 후 그 기대에 부응하도록 써야 한다. 다시 말해 자신이 하고자 하는 학문 분야에서의 [상식]을 알고, 그 상식을 이용할 수 있는 것이 필수적이다. 이 경우의 상식이란 각 학문 영역 고유의 어휘, 문형, 문장 구조의 패턴 등과 아울러 사고방식 등을 말한다.

이상과 같이 외국어교육에 있어서의 작문지도법을 개관해보면, 역사적으로 크게 네 가지 접근법이 순차적으로 발생했다는 것을 알 수 있다. 그렇지만 새로운 것이 대두되었다고 해서 이전의 것이 완전히 소멸된 것이 아니라, 일본어교육 현장 등에 단적으로 나타나듯 네 가지 접근법이 공존하고 있는 상태이다.

위의 네 가지 접근법은 상호배타적인 관계가 아니라 학습자 개개인의 조건에 맞춰 선택되는 것일지도 모른다.

## (2) 쓰기의 숙달 – 쓰기를 어떻게 가르칠 것인가?

읽기를 통해 각 장르 특유의 쓰기에 관한 규칙을 무의식중에 이해·획득할 수 있다는 생각이 타당하다면, 쓰기에 숙달된 사람을 양성하기 위한 조건 중 하나는 충분히 읽는 것이라고 할 수 있다. 즉 학습자 개개인이 관심을 가지고 스스로도 자신의 생각을 정리하고 싶다고 바라는 것이, 씌어 있는 것을 자율적으로 읽게끔 한다는 것이다. 다시 말해 작문 수업이라 할지라도 쓰는 것과 동시에 읽는 것에도 주력하게 된다는 것이다.

물론 쓰는 것에 관련된 규칙을 선별하여 가르치는 것도 하나의 방법이다. 앞서 검토한 신구 수사 접근법은 이러한 것을 중점적으로 추구한 지도법이다. 그러나 이 방법에 의한 교육적 효과에 대해 그다지 긍정적인 연구 결과는 나오지 않았다(Krashen, 1984).

단, 어떠한 조건 하에서도 효과가 없다고 단언할 수 있을지에 대해서는 앞으로의 연구를 통해 밝혀내야 할 것이다. 즉 쓰는 이의 조건(지식, 태도, 성격, 출신 문화, 동기, 제2언어 능력), 읽는 이의 조건(보고서나 논문인 경우에는 전공이 같은 교원), 텍스트의 조건(장르, 수사, 구조, 어휘) 등을 구체적으로 정하고 보면, 일정 조건 하에서는 이러한 접근법도 어느 정도 효과가 있다고 볼 수 있기 때문이다.



읽는 것에 중점을 두면서, 부수적인 형태로 쓰는 것과 관련된 규칙을
선별하여 지도하는 것은 선택지의 하나이다. 단 이 경우 다음과 같은 학
습자의 전략 사용을 방해하지 않도록 주의할 필요가 있다.

앞서 검토한 쓰기 과정에 있어, 숙달된 사람에게 나타나는 여러 전략
을 어떻게 다루어야 할까? 즉 제1언어에서 획득한 전략을 어떻게 하면 효
과적으로 제2언어의 작문과정에 전이시킬 수 있는 것일까? 이는 쓴 것에
직접적으로 표현되는 것이 아니므로 아무리 많이 읽는다고 해도 자연적
으로 획득된다고는 기대할 수 없다. 많은 것을 읽으면 숙달된 사람이 될
전망은 있지만, 그것만으로 누구나 실제 작문기능이 숙달되는 것은 아니
다.

따라서 숙달된 사람이 쓰는 과정에서 사용하고 있는 전략 하나하나를
쓰는 작업 중에 실제로 경험하고 의식 대상으로 삼는 것이 요구된다. 이
것이야말로 쓰는 것을 다루는 활동의 중심 중 하나일 것이다. Krashen은
쓰기에 숙달된 사람이 될 것을 목표로 할 경우에 획득해야 하는 전략에
대해, 다음과 같이 구체적으로 제시하고 있다(Krashen, 1984:34).

- 쓰기 전에 무엇을 어떻게 쓸 것인가에 대해 대략의 윤곽을 잡는다.
  단 이 윤곽은 출발점일 뿐 그것에 구애되어서는 안 된다. 쓰기 시작
  해서도 쓰는 내용을 잘 음미하여 새로운 생각이 나면 그때마다 주저

없이 이전의 윤곽을 변경한다.

- 일단 완성된 원고라도 그것이 내용적으로 만족할 만한 것인지 검토하여 몇 번이라도 다시 쓰는 자세를 지니는 것이 중요하다. 그러므로 완성한 후라도 즉시 문자나 어구, 문법을 점검해서는 안 된다. 내용적으로 문제가 없다고 판단하여 최종본이라고 생각되었을 때 비로소 문자, 어구, 표현, 문법 등의 정정을 시작한다.
- 한번에 써나가는 것이 아니라 도중에 몇 번이라도 멈춰 그때까지 쓴 것을 다시 읽고 전체적으로 수미일관한지 아닌지 검토한다.

Krashen에 의하면, 쓰기 기능을 중축으로 한 교실 활동에 있어서는 이러한 세 가지 점에 유의하여 이것이 원활하게 행해지도록 학습자의 주의를 환기시키는 것이 교사의 중요한 임무라고 하였다. 위의 세 가지는 앞서 검토한 접근법에서 보면 세 번째의 과정 중심 접근법에 해당되는 것이다.

그런데 이 세 가지는 미리 정해진 화제에 대해 일정한 시간을 정해놓고 그 시간 내에 완성하게 하는 일반적인 작문지도 방식 하에서는 실현되기 어렵다. 정해진 수업시간 내에 쓰게 하는 활동을 생각해보자. 주어진 화제에 대해 계획을 짜고 그에 맞춰 써나가다가 마지막에 문자, 어구, 표현, 문법을 검토하고 끝낸다고 하는 작문밖에 기대할 수 없다. 앞서 본 바와 같이 이와 같은 일방향의 선적인 활동만을 경험하는 한 미숙한 상태로 머물 것이 예측된다.

그렇다면 어떻게 해야 하는가? 일반적으로는 학습자의 생활이나 사고 방식과 관련이 있고 흥미나 관심이 있는 화제에 대해 충분한 시간을 들여 쓰게 함으로써, 쓰고 싶은 내용을 생각하고 음미하며 동시에 수차례 고쳐 쓰는 기회를 가지게 하는 것이 최소한의 필요조건이다.

제2언어와 제1언어의 작문에 차이가 있다고 한다면, 그것은 제2언어

학습자를 대상으로 한 경우 모어화자와 달리 충분히 발달한 인지상의 능력은 있으면서 불충분한 문법능력이나 어휘력에 구속되어, 자신이 말하고자 하는 것을 충분히 표현할 수 있는 만큼의 언어 형식이 갖춰지지 않았다고 하는 문제일 것이다.

### 1) 초급자를 대상으로 한 작문지도 방법

이와 같은 문제가 쓰기와 직접 연관되는 경우로는 다음과 같은 것이 있다. 일본어 학습을 시작한 초기와 같이, 제2언어로 무언가를 쓰려고 해도 엄두조차 내지 못하는 경우이다. 이 시기의 이러한 문제에 대한 대응은 우선 쓰기 과제를 궁리하여 설정하는 것이다. 일상생활에서의 쓰기행동을 보면 알 수 있듯이 쓰기에 관련된 과제는 다양하다. 간단한 노트 필기, 메모 쓰기, 메시지 남기기와 같은 것은 그다지 고도의 문법능력이나 어휘력 없이도 가능하다. 혹은 소집단이나 짝끼리 쓰기 전에 예비적인 활동을 함으로써, 실제 작문에 필요한 문형과 어휘를 보충하거나 쓰는 내용에 관해 아이디어를 얻거나 짜낼 수 있다.

즉 쓰기를 문법의 복습이나 문법학습의 하위적 성격에서 해방시키는 것, 다시 말해 어떤 화제에 대해 정리된 문장을 쓰는 것과 문법의 복습을 동일시하지 않는 것이다. 그리고 학습자가 일상생활에서 어떠한 쓰기행동을 하는가를 관찰하여 그에 도움이 되는 과제를 생각하는 것이다.

> **과제** ■ 우선 모어로 안을 짜거나 계획해서 충분히 생각한 후에 그것을 일본어로 번역하는 형태의 작문에 대해 어떻게 생각하는가?

작문을 할 때 우선 모어로 생각하고 그것을 제2언어로 번역한 경험은 누구에게나 있을 것이다. 이와 같이 모어로 생각하고 그것을 번역한다는 것이 일반적으로 알려진 것처럼 바람직하지 않은 것일까? 미국에 거주하는 중국인 ESL학습자를 대상으로 이 문제의 해답을 밝히려 한 연구가 있다(Friedlander, 1990). 피험자를 두 집단으로 나누어, 한 집단에서는 중국에서 획득되었다고 생각되는 주제에 대해서는 중국어로 미리 충분히 생각하게 한 후에 번역해도 상관없다고 하여 영어로 작문하게 하고, 미국에 오고 나서 획득된 것으로 여겨지는 주제에 관해서는 중국어를 사용하지 말고 처음부터 영어로 안을 짜 영어로 작문하게 하였다. 또 다른 집단에서는 반대로 하였다. 즉 중국에서 획득되었다고 여겨지는 주제에 관해서는 영어로 생각해 안을 짜고 영어로 작문하게 하였으며, 미국에 오고 나서 획득되었다고 여겨지는 주제에 관해서는 중국어로 잘 생각한 후 번역해도 무방하다고 하여 영어로 작문하게 하였다. 그 결과 전자가 쓴 작문이 압도적으로 우수했다(질적, 양적으로). 이러한 결과를 통해, 쓸 내용에 관한 지식을 획득하는 데 사용된 언어를 이용하여 안을 짜거나 생각하는 것이 좋은 작문으로 이어진다는 것을 알 수 있다.

또한 중국인 일본어학습자를 대상으로 하여 번역작문과 직접작문을 비교한 연구가 있다(石橋, 1997). 선택한 주제가 어디에서 획득된 것인가에 관한 조절은 이루어지지 않았다. 분석 결과, 번역작문의 효과가 초급과 상급에서는 인정되지 않았으나 중급에서는 인정되었다. 다시 말해 중급에 있어서 학습자의 모어인 중국어로 쓰고 나서 그것을 일본어로 번역한 작문이 처음부터 일본어로 쓴 작문과 비교하여 내용적으로도 언어형식면에서도 우수했다는 것이다.

이러한 연구는 작문을 보다 용이하게 하는 방법으로 두 가지가 있을 수 있다는 것을 시사한다. 작문의 주제에 한정지어 생각해 보면, 첫째 직접 제2언어로 쓰게 하는 경우는 제2언어 사용 환경에서 획득된 지식이 주체가 되도록 선정하는 것이 중요하다는 점, 둘째 제1언어를 사용해서 획득한 지식이 주체가 되는 화제에 대해 작문할 경우는 번역도 포함하여 학습자의 제1언어를 활용할 것을 장려한다는 점이다.

### 2) 중·상급자를 대상으로 한 작문지도 방법

중·상급이 되어도 추상적인 내용을 쓰려고 하면 난감해지는 경우가 있다. 이러한 문제의 근본적인 해결책은, 앞서 본 바와 같이 많이 읽는 것이다. 특히 자신이 표현하고자 하는 것에 관해 씌어 있는 것을 집중해서 읽는 것이 쓰기의 기반을 형성한다.

상급자가 전공 분야의 논문이나 보고서를 쓸 경우도 마찬가지이다. 우선 자신이 전공하는 영역의 논문을 제대로 읽고 그 스타일(논지의 전개방식)에 익숙해짐과 동시에 그 장르 특유의 어휘나 표현을 인식한다. 그 다음에·실제로 쓴다. 이때 앞서 언급한 Krashen의 세 가지 제언에 최대한 주의를 기울인다. 특히 비모어화자는 첫 초고에 있어 개별적인 문법이나 어휘 등의 정확성이나 적절성보다 자신의 생각을 어떻게 확대하여 보다 설득력 있게 논리를 전개할 것인가에 주의한다. 인간이 일시적으로 사용할 수 있는 능력은 제한되어 있기 때문에 문법이나 어휘의 적절성에 신경을 쓰다보면, 논지의 전개방식에 사용할 수 있는 능력이 그만큼 줄어들게 되어 내용적으로 빈곤하질 우려가 있다.

작문하는 과정에 있어서 교사 측의 피드백을 어떻게 할 것인가 하는 문제가 있다. 작문을 담당하는 교사는 학습자가 쓴 작문을 정확성·적절성이라는 관점에서 정성껏 수정하여 돌려준다. 그러나 이와 같이 교사의 시간을 상당량 할애하는 피드백이 과연 어느 정도 학습자에게 유효하게 활용되는 것일까?

교사의 피드백 후 작문 수정, 학습자 피드백peer response 후 작문 수정, 피드백 없이 작문 수정이라는 세 가지 경우의 피드백이 작문 수정에 어떤 영향을 미치는가에 대해 일본어학습자를 대상으로 조사한 연구가 있다 (池田, 1999). 결과는 세 경우 모두 개선된 점이 인정되지만 문법 등의 언어 형식면에서는 교사 피드백이, 내용면에서는 학습자 피드백이 현저한 개선에 영향을 끼쳤다고 보고되었다.

교사 피드백을 생각할 때, 교사가 할 수 있는 것과 학습자(혹은 학습자끼리)가 할 수 있는 것이 있으며 이들을 조합하는 것이 중요하다. 학습자는 내용에 관한 한 나름대로 어느 정도의 개선이 가능하나, 문법이나 어휘의 오류에 관해서는 자신의 능력만으로는 한계가 있다. peer response(이하 PR)라 불리는 학습자의 상호적인 피드백은 몇 가지 점에서 교사 피드백을 보완하는 장점이 있다.

PR란 구체적으로 말하면, 이미 쓴 작문을 둘러싸고 서로 좋다고 생각하는 곳, 잘 모르는 곳, 이렇게 하는 편이 좋다고 생각하는 곳 등에 관해 소집단 혹은 짝끼리 의논하여 작문의 퇴고에 도움을 주고자 하는 피드백의 한 방법이다. PR의 장점으로는,

- 타인의 눈으로 자신이 쓴 것을 점검할 수 있으므로, 누구에게 쓰고 있는지 독자를 의식할 수 있게 된다.
- 타인(다른 학습자)에게 설명함으로써 자신의 생각을 한층 심화시킬 수 있다.
- 말하기 활동과 쓰기 활동을 통합할 수 있다.

등을 들 수 있다.

학습자는 일반적으로 자신이 쓴 것을 좀처럼 다시 보지 않으려는 경향이 있다. 일단 원고지를 채우는 것에 전념하고 그것이 끝나면 작문은 종료했다고 생각하는 경우가 많다. 池田(1999)는 학습자가 한 번 쓴 작문을 다시 한번 읽고 수정하는 것만으로도 상당한 개선이 가능하며, 또한 PR

에 의해 학습자가 문장을 비판적으로 재고하는 관점을 양성할 수 있다는 것을 보여 준다.

이러한 효과를 지향한 PR 활동은 원고 완성 후의 퇴고 단계뿐만 아니라 작문 과정의 각 단계에서도 행할 수 있다. 예를 들어 주제를 찾는 단계에서의 집단적 발상법brainstorming, 윤곽의 작성 단계, 각 단락의 완성 단계, 전체원고 완성 단계, 최종원고 편집 단계와 같이 각 단계에서의 실시가 가능하다. 작문은 자신을 향한 일기나 메모가 아닌 누군가 다른 독자에게 무언가를 전하기 위해 쓰는 것이라는 의식을, 문장을 쓰는 행위 각각의 단계에서 갖게 할 수 있다. 또한 이 활동에서는 다른 학습자가 쓴 작문의 독자가 되는 사람이 자신의 작문에 대해 논의될 때는 필자가 되므로, 쓰는 측과 읽는 측의 양쪽 입장을 체험함으로써 자신의 작문에 대해서도 독자로서의 분석적 관점이 양성될 수 있다.

그렇다면 지금까지 행해져 온 학습자 개인을 위한 교사의 첨삭과 PR을 어떻게 조합하면 상승효과를 거둘 수 있는 것일까? 교사 첨삭은 교사가 아니면 안 되는 부분에 제한하고 나머지는 PR 등으로 학습자에게 맡기도록 한다. 종래에는 주제를 정하는 단계부터 마지막 정서 단계에 이르기까지의 전 작문 과정이, 학습자 개인에 대한 교사의 지도라는 형태로 행해져 왔다. 즉 학습자는 교사로부터의 일방적인 피드백에 의지하는 형태로 쓰기 작업을 해왔던 것이다. 교사 피드백이 어째서 일방적일 수밖에 없는가에 관해서는 거론할 여지도 없을 것이다. 한편 PR에서는 읽는 상대가 같은 학습자이므로 긴장감이 적고 편안한 분위기에서 서로 많은 것을 알아낼 수 있을 것이 기대되는 상황이라 할 수 있다.

이와 같이 학습자는 우선 스스로 비판적으로 다시 읽은 후, PR에서 타학습자에게 얻은 피드백을 참고로 자신이 쓴 것을 재검토하고, 더불어 교사로부터의 피드백을 바탕으로 퇴고를 반복함으로써 작문 과정을 알차게 만들 수 있다.

단 PR와 같은 소집단 활동에서는 학습자의 학습에 대한 확신beliefs에 유의할 필요가 있다. Carson & Nelson(1996)은 PR 활동 후 학습자에게 인터뷰한 결과를 토대로, 학습자는 의도적으로 PR 활동 중에 코멘트를 꺼린다는 것, 그리고 그 요인으로는 학습자의 문화적 배경을 지적하고 있다. 그들이 대상으로 한 학습자는 중국인 영어학습자였으며, 중국문화에서는 다른 사람을 칭찬하기는 해도 비판하는 것은 꺼리는 경향이 있다고 하였다. 이러한 문화적 배경이나 그와 관련된 학습자의 학습에 관한 확신은 언어학습에 큰 영향을 주며, 이는 결코 간과할 수 없는 어려운 문제이기도 하다. PR과 같이 학습자의 자발성에 의거하는 학습 형태를 취할 경우에는 여러 가지 배려가 필요할 것이다.

# 제4장

# 교재·교실 활동의 학습분석과 디자인

# 1. 독해·작문 중심의 활동 : '청하기'

본 절에서는 중·고등학생을 대상으로 호주에서 개발된 초급 수준의 일본어 교과서 『もしもし』에서 발췌한 교실 활동을 예로 든다. 이 교실 활동은 읽기와 쓰기를 통합한 의사소통 활동이며, 이러한 활동은 성인을 위한 일반 일본어 교실에서도 널리 사용된다.

## (1) 학습분석

이 교실 활동은 학습자의 모어인 영어에 의한 간단한 지시와 예시로 행해진다.

다음에 제시되는 네 가지 예를 참고로 하여, 가상의 친구에 대해 주말이나 방과 후 같이 놀자고 청하기 위한 간단한 메모를 쓴다는 것이 이 과제의 취지이다.

> 과제 ▐ 학습자가 되었다는 생각으로 이 과제를 실제로 행해보자. 그 과정을 상세히 기술하고, 그 기술을 바탕으로 어떤 학습이 일어나고 있는지 항목화해보자.

학습자는 어떤 과정을 거쳐 이 과제를 행하는 것일까? 즉 학습자는 이 과제를 어떤 학습을 통해 달성해 가는지 그 과정을 추적해 보자.

> Write a message to a friend suggesting something to do on the week end or after school. The example below might give you some ideas.

| | |
|---|---|
| かずおくん、<br><br>にちようびに えいがをみましょう。<br>とてもおもしろいえいがです。<br>そのあとで かいものをしましょう。<br><br>ドナ(どな) | 가즈오군,<br><br>일요일에 영화를 봅시다.<br>굉장히 재미있는 영화예요.<br>그 후에 쇼핑을 합시다.<br><br>도나 |
| カレンさん、<br><br>きょうがっこうのあとで なにをしましょう?<br>ジョギング(じょぎんぐ)は つまらないです。<br>テニス(てにす)をしましょう。<br><br>いちろう | 카렌씨,<br><br>오늘 학교 후에 무엇을 할까요?<br>조깅은 재미없어요.<br>테니스를 칩시다.<br><br>이치로 |
| トニーさん、<br><br>しゅうまつに キャンプ(きゃんぷ)にいきましょう。<br>バス(ばす)でいきます。<br>かわで およぎましょう。<br>さかなつりも しましょう。<br><br>けいこ | 토니씨,<br><br>주말에 캠프 갑시다.<br>버스로 가요.<br>강에서 헤엄칩시다.<br>낚시도 합시다.<br><br>게이코 |
| けいこさん、<br><br>きんようびに パーティー(ぱーてぃー)にいきましょう。<br>ボブ(ぼぶ)くんの たんじょうパーティーです。<br>パーティーは1じはんです。<br>わたしは あるいていきます。<br><br>ジョアナ(じょあな) | 게이코씨,<br><br>금요일에 파티에 갑시다.<br>보브군의 생일 파티예요.<br>파티는 1시 반이에요.<br>나는 걸어서 가요.<br><br>조아나 |

(『もしもし』National Japanese Curriculum Project, Ministry of Education, Western Australia, Department of Education, Queensland, Curriculum Corporation 1993 p.26, 한국어역: 역자)

## _ 실현되고 있다고 생각되는 학습

학습자 중에는 주어진 네 가지 예를 읽고 나서 자신이 하고 싶은 것, 즉 메시지를 생각하는 학습자도 있을 것이고, 반대로 우선 메시지를 생각하고 나서 쓰기 직전에 주어진 예를 읽는 학습자도 있을 것이다. 또한 자신이 하고 싶은 것을 그다지 심각하게 생각하지 않고 주어진 예를 보면서 반 기계적으로 알고 있는 구문이나 어휘를 이용해 메시지를 쓰는 학습자도 있을 것이다. 이러한 세 부류에서 각각의 학습자가 경험하는 학습은 크게 달라진다.

이하에서는 우선 첫 번째 경우, 즉 네 가지 예를 읽고 나서 자신의 메시지를 생각하여 쓰는 학습자에 초점을 맞춰 이 학습자가 행한다고 여겨지는 학습 과정에서 실현되는 학습을 추출해 본다. 그리고 나머지 두 경우에서 실현된다고 여겨지는 학습을 정리하여 목록화한다.

첫 번째 경우의 학습자는 우선 주어진 네 가지 예를 읽고, 각각이 어떤 제안을 하고 있는지 메시지의 내용을 이해하려고 할 것이다. 구체적으로는 누가 누구에게 언제 무엇을 제안하고 있는가, 그리고 왜 그것을 하고 싶은가, 어떻게 하려고 하는가 등을 이해하려고 노력할 것이다. 다음에는 자신의 메시지를 쓰기 위해 주말이나 방과 후에 친구와 함께 무언가를 하면서 놀고자 할 때 자신은 무엇을 하고 싶을지에 대해 생각해 볼 것이다. 이때 자신의 현실적인 일상생활이 너무 바빠 자유롭게 하고 싶은 일 따위를 생각해본 적도 없거나, 혹은 실제로 하고 싶은 것과 자신의 일본어능력과의 격차에 곤란을 느끼는 경우도 있을 수 있다.

이제 실제로 메시지를 쓰기 시작하는 단계가 된다. 쓰면서 자신이 하고 싶은 것에 대해 더욱 자세하게 생각할 것이다. 주어진 예를 참고로 하면서 [언제 집을 나갈까? 그 시간을 메시지에 넣어야 되는데] 라든지, 다 쓰고 난 후에 새로운 생각이 떠올라 [이렇게 재미있는 일도 할 수 있다고 첨가해서 제안을 좀 더 매력적으로 해야지]라고 생각할지도 모른다. 또한 쓰기 시작했으나 지루하게 느껴져 전부 백지화하고 처음부터 다시 쓰는 경우도 있을 수 있다. 문형이나 어휘가 부족해 생각한 대로 쓸 수 없을 수도 있다. 이러한 경우 자신의 일본어능력으로 쓸 수 있는 것으로 타협하여 당초 자신이 생각했던 내용을 바꾸는 학습자도 있을 수 있고, 교사에게 도움을 청하거나 스스로 교과서나 사전 등을 찾아 처음의 의도를 관철하려고 하는 두 타입의 학습자로 나눌 수 있다.

이런 방식으로 다른 두 경우의 학습자가 행할 것으로 여겨지는 학습에 대해서도 생각해보자(여기에서는 상세한 내용은 생략한다). 이들을 종합해보면, 이 교실 활동을 통해 실현되리라 여겨지는 학습을 다음과 같이 정리할 수 있다.

① 주어진 예를 어휘 차원에서 기계적으로 조작할 뿐 대부분 그대로 모방하여 자신의 메시지로 만든다. 예를 들면, かずお君(가즈오군)의 경우를 참고로 하여, [にちようび(일요일)] 대신 [どようび(토요일)]로 하거나, [えいが(영화)] 대신 [ビデオ(비디오)]로 하는 식이다.

② 주어진 예를 어느 정도 시간을 들여 주의 깊게 읽고 예에 있는 문장의 문법적인 분석이나 어휘의 분별(기습인지 미습인지)에 전념한다.

③ 자신의 메시지의 내용을 생각하는 것에 전념한다.

④ 일단 메시지의 내용이 생각나면 다음에는 생각한 내용을 그대로 문장화하는 것을 목표로 하여 쓰고 있는 중에 새로운 내용을 생각하거나 수정하지 않는다.

⑤ 생각한 내용을 문장화하는 단계에서도 자신이 생각하고 있는 내용의 장단점을 생각하여 쓰고 있는 동안에 내용 자체를 큰 폭으로 바꾸거나 하지 않는다.

⑥ 문장화할 때 부족한 어휘나 문형이 있을 경우 자신이 생각한 내용

을 자신의 언어수준에 맞춰 변경한다.

⑦ 문장화할 때 부족한 어휘나 문형이 있을 경우 교사에게 묻거나 교
과서나 사전 등을 찾아 자신이 생각한 내용을 변경하지 않고 그대
로 전하려고 노력한다.

## (2) 학습디자인 — 어떠한 새로운 학습이 실현될 수 있는가?

이상의 학습분석을 토대로, 이 교실 활동(교재 포함)에 손질을 가함으
로써 어떠한 새로운 학습이 실현 가능한지 생각해본다. 이를 [학습디자
인]이라 칭하고, 교실 활동(교재)을 출발점으로 하여 거기에 어떤 새로운
학습 가능성이 있는지를 생각한다.

> **과제 ∎** 이 활동을 특히 의사소통 활동에 중점을 둔 디자인으로 하려고 한
> 다면, 어떤 점을 어떻게 바꾸거나 혹은 어떤 점을 첨가하는 것이 좋
> 겠는가?

### _ 의사소통 활동에 초점을 둔 학습디자인

이 활동을 읽기와 쓰기를 매체로 한 의사소통 활동으로 디자인한다는
시점에서 생각해 보자. 학습자가 의사소통 활동에 익숙한 경우는 예외적
이지만, 앞서 학습분석에서 보았듯이 이 활동에서는 대부분의 학습자가
어휘를 약간 바꾸는 정도로 예문을 그대로 베끼고 끝내는 학습이 이루어
질 것으로 생각된다(물론 이와 같은 기계적·조작적 활동도 어학 교실에 있어
존재 의의가 전혀 없다고는 볼 수 없으므로, 교사가 의식적으로 그와 같은 학습
을 의도한 경우 이하의 논의는 성립되지 않는다).

이 활동의 의의를 위와 같은 언어항목의 기계적인 조작학습이 아닌,
학습자가 상호교류하는 의사소통 활동에 두고자 한다면 다소의 수정을

가한 디자인이 요구된다. 이는 학습자가 [언어는 의사소통을 통해 획득된다]라는 확신보다 [언어는 어휘·문법 지식의 축적에 의해 획득된다]라는 확신을 강하게 가지고 있는 경우에 특히 중요하다.

수정을 위한 후보안 중의 하나로는, 원래의 과제에서 [누구에게]라는 청하는 상대를 특정 짓지 않고 일반적인 문장을 쓸 것을 요구하는 점을 바꾸는 것이다. 즉 특정한 친구나 동료를 학습자 자신에게 정하게 한 후 그 상대에게 가장 실현 가능성 있게 권유하는 것을 과제로 하는 것이다. 그렇게 하면 메시지의 내용을 상대에게 맞춰 생각해야 할 뿐만 아니라 상대가 읽고 알아들을 수 있는 내용과 형식으로 써야만 한다.

메시지를 보내는 방법으로는 전자메일을 사용할 수 있는 환경이라면 전자메일로 보내는 것도 생각할 수 있다. 그리고 그 권유에 대해 상대방이 회답하는 것으로 하여 왕복 과제의 형태로 하면 의사소통 활동의 측면이 한층 강화될 수 있을 것이다.

[일반적인 누군가]에게 청하는 것과 [구체적인 친구나 동료]에게 청하는 것에는 과제의 현실성task authenticity에 차이가 있으며 또한 학습자가 과제를 수용하는 자세도 달라진다. 후자의 경우 가령 친구의 얼굴을 상상하면서, 무엇을 하면 함께 즐길 수 있을까? 그 친구가 이 글을 이해할 수 있을까? 등을 생각하면서 메시지를 쓸 것이다. 그리고 주어진 예를 읽는 경우에도 자신이 쓰는 내용이나 형식에 대한 힌트를 얻거나 자신이 쓴 것과 비교하면서 점검하는 식으로 대응할 것이다. 다시 말해 이 과제를 통해, 읽는 이를 의식하면서 쓰고 능동적으로 읽는다고 하는 쓰기·읽기 각각의 활동에 있어 가장 중요시되는 점을 학습할 수 있다.

단, 이러한 학습은 하나의 가능성일 따름으로, 상대를 구체적인 인물로 정하기만 하면 자동적으로 이런 학습이 실현된다는 것은 아니다. 실제로 이러한 학습이 실현되기 위해서는 교사의 역할이 중요하다. 교사 측이 고려해야 할 유의점은 다음과 같다.

- 과제에 들어가기 전 상대를 정하는 단계에서, 예를 들어 [그 사람을 청해서 방과 후 혹은 주말에 함께 무언가를 한다, 이를 위해 청하는 문장을 쓴다]라는 내용으로 과제의 취지를 명확히 학습자에게 이해시킬 것.
- 과제가 끝나면 짧게라도 시간을 확보해 [쓰면서 어떤 것에 주의했는지, 상대방의 것을 읽고 어떤 것을 느꼈는지] 등을 물음으로써, 학습자에게 자신의 학습과정을 되돌아보게 할 것. 그리고 그 결과를 모두에게 보고하도록 할 것. 읽는 사람을 의식하면서 쓰는 것이나 다른 사람의 학습 방법 등을 알게 되어 좋은 자극이 된다.
- 마지막으로 [일본어로 친구를 청할 수 있게 되었다. 이 얼마나 멋진 일인가]와 같이 일본어로 할 수 있게 된 새로운 일에 대해 교사·학습자 공히 말로 확실히 확인할 것.

의사소통이라고 하면 흔히 구두에 의한 것, 또 초급 수준에서의 읽기·쓰기라고 하면 문형 복습이나 정착을 위한 것이라고 생각하기 쉽다. 그러나 앞서 본 것과 같은 학습을 통해, 초급 단계에서도 의사소통의 일방편으로 읽기나 쓰기의 위치를 부여할 수 있다는 점에 주목하고자 한다.

이 활동은 중·고등학교 학생을 대상으로 한 것이지만, [청하기] 활동 자체는 일반 성인을 대상으로 한 경우에도 활용할 수 있다. 이하에서는 일본 국내에서 일본어를 배우는 일반 성인 대상의 일본어교실을 생각해 본다. 일본에서 생활하는 성인의 경우에는 언어와 문화가 불가분의 관계로 인식되므로, 특히 문화면을 어떻게 학습에 짜 넣을지의 관점에서 생각해 보자.

청하는 문장에 대한 회답을 둘러싸고, 과제를 사슬과 같이 연결해 가는 과제 사슬task chain의 방식에 따라 세 과제 〈청함(제안)〉〈청함(제안)에 응하기〉〈청함(제안)에 응하지 않기〉로 설정한다.

과제1 : 청함(제안)

과제2 : 청함(제안)의 수용

과제3 : 청함(제안)의 거부

과제3 [청함(제안)의 거부]의 경우, 학습자의 문화적 배경에 따라서는 일본인 고유의 특징이라고 여겨지는 발화행위를 둘러싸고 의식화를 촉진하거나 논의를 불러일으킬 것이 예측된다. 다음의 다섯 예를 살펴보자.

1 a : 今度の日曜日、映画に行かない？切符をもらったの。

(이번 일요일, 영화 보러 가지 않을래? 표가 생겨서.)

　b : 日曜日？映画は好きだし、行きたいんだけど、その日は予定があるし……。

(일요일? 영화 좋아해서 가고 싶기는 한데, 그날은 다른 일정이 있어서……)

2 a : 今度の日曜日、映画に行かない？切符をもらったの。

(이번 일요일, 영화 보러 가지 않을래? 표가 생겨서.)

　b : 今はすごく忙しい。でも来週ぐらいになると少し暇になるかもしれないけど……。

(지금은 너무 바빠. 근데 다음 주 정도면 좀 한가해질지도 모르는데……)

3 a : 今度の日曜日、映画に行かない？切符をもらったの。

(이번 일요일, 영화 보러 가지 않을래? 표가 생겨서.)

　b : 映画ね……映画あまり好きじゃないのよね。どうしようかな。

(영화……, 영화는 별로 좋아하지 않아서. 어떡할까.)

4 a：今度の日曜日、映画に行かない？切符をもらったの。

　　　(이번 일요일, 영화 보러 가지 않을래? 표가 생겨서.)

　b：ありがとう。でも、ちょっと……。

　　　(고마워. 근데 좀……)

5 a：今度の日曜日、映画に行かない？切符をもらったの。

　　　(이번 일요일, 영화 보러 가지 않을래? 표가 생겨서.)

　b：だめ、行けない。

　　　(안 돼, 못 가.)

1에서 4의 거절 방식과 5의 거절 방식에는 기본적인 차이가 있다. 5에서는 명확히 [行けない(못 가)]라는 말로 직접적으로 거절하고 있다. 그런데 1에서 4는 직접적으로 거절하지 않는다. 각각 자신의 사정을 말함으로써 [(予定がある(다른 일정이 있다), 忙しい (바쁘다)], 간접적으로 거절의 의사를 전하고 있다.

일본어 모어화자에게는 1에서 4와 같은 간접적 거절이 많고, 가령 미국인과 같은 영어 모어화자에게는 5와 같은 직접적 거절이 많다고 한다. 또한 일본인은 영어로 거절할 경우에도 일본어에서와 마찬가지로 간접적으로 거절하는 것이 대부분이고, 미국인이 일본어로 거절할 경우도 영어로 할 때와 같이 직접적으로 거절하는 경우가 많다고 한다(生駒·志村, 1993).

이러한 화용론에 관련된 문제에 대해서는, 코스 목표를 가령 특정 시험에 합격하기 위한 언어능력 양성에 두는 경우와 일본어 모어화자와의 일본어를 매개로 한 의사소통능력 양성에 두는 경우에서 기본적으로 다른 대응이 필요하다.

전자의 경우, 일본어 모어화자의 특징을 항목별로 들고 학습자에게 제시하여 지식으로서 획득하게 하는 것으로 목적은 달성되었다고 할 수 있다. 다시 말해 학습자가 미국인이라면 [자신들은 직접적으로 거절하며 거절하는 이유를 말하거나 혹은 반대로 대안을 적극적으로 제안하는 일이 거의 없지만, 일본인은 그렇지 않다. 대신 자신이 그렇게 할 수 없는 이유를 자세히 설명하거나 결론을 애매하게 말하거나 기대를 갖게 하는 경우가 많다라는 양측의 문화적 차이를 이해하면 되는 것이다. 이를 위한 방법으로는 기본적으로는 이미 언급한 것과 같은 예를 제시하면서 교사가 간단히 설명하면 된다.

그런데 후자의 경우는 사정이 다르다. 이문화간에서 나타나는 차이는 소위 전제적인 것일 뿐, 여기에서의 관건은 그러한 상이한 언어행동 패턴을 가진 사람끼리 어떻게 하면 쌍방의 관계가 어긋나지 않고 원활히 교류할 수 있는가라는 점이다(岡崎, 1995). 그러므로 지식을 얻는 것만으로는 불충분하며, 자칫 잘못하면 교류를 저해할 가능성도 있다. 예를 들어, 이전에 얻은 지식에 따라 [언쟁을 좋아하는 ○○인] 혹은 [자기주장이 강한 ○○인]과 같이 일반화해 버리면 특정한 나라나 그 나라 사람들에 대해 선입관을 가지게 된다. 나아가 그 선입관을 통해 사람들의 언어행동을 보게 되면서 자신이 대면한 상대의 참모습을 볼 수 없게 되거나, 결국에는 고정관념을 창출하여 서로 배우려고 하는 자세와 멀어지게 될 수도 있다.

한편 일본에 정주하는 것을 목표로 하는 외국인 학습자의 일본어교실에서 전형적으로 나타나는 형태, 즉 교사가 선택지를 설명하여 제시하고 학습자에게 그 중 어느 것인가를 택하게 하는 것과 같은 일방적으로 선택하게 하는 방식에도 문제가 있다. 왜냐하면 대부분의 경우 학습자가 자유롭게 선택한다는 것은 현실적으로는 상당히 어려워 [일본식]이라고 불리는 틀에 마지못하나마 맞춰가기 때문이다.

여기서 궁극적으로 지향해야 할 것은 [로마에 가면 로마법을 따르라] 혹은 [자신의 정체성을 지킨다]는 것 외에, 상호교류하는 쌍방이 각기 변화를 일으켜 제3의 새로운 패턴을 만드는 것도 하나의 선택지라는 것을 아는 것이다(岡崎, 1996). 이러한 목표 하에 현실적으로는 일본어교실이

처한 조건이나 학습자의 조건에 맞춰 교재나 교실 활동을 심사숙고하여 도입함으로써, 교사·학습자 공히 양방향의 변화를 실현해가는 전망을 펼쳐갈 수 있으리라 생각된다.

이러한 고안의 일례로, 일본 국내 일본어교실의 경우를 생각해 보자. 일반적으로 일본인과 개인적 교류가 있는 학습자는 적고, 특히 일본어 학교에서 배우는 학습자는 그러한 기회가 극단적으로 적은 것이 사실이다. 따라서 일본인과의 교류의 장(접촉 상황)을 교실 내외에 설정하는 것 자체가 당면의 과제가 된다. 판에 박힌 유형stereotype을 지양하는 최상의 방법은 개인 차원에서의 접촉 상황을 확대하는 것이다. 그리고 거기에서 생기는 구체적인 문제에 대해 생각하는 것을 통해, 일본적이라고 여겨지는 것의 실태를 파악하고 또한 자신의 위치를 어떻게 모색해 나갈지를 생각할 수 있다.

접촉 상황을 교실 내외에 준비하기 위한 구체적인 방법으로는 다음과 같은 것을 들 수 있다.

### 1) 숙제의 활용

학습자가 아르바이트 동료나 이웃사람에게 인터뷰를 하거나 질문지 조사를 하는 등, 학습자가 직접 나서서 하지 않으면 안 되는 숙제를 낸다. 즉 교실 밖에서 학습자가 일본인과 적극적으로 교류하는 기회를 숙제의 형식으로 부과하는 것이다. 이 경우 학습자에 따라서는 그와 같은 숙제를 종이에 적어 내는 일반적인 언어조작 중심의 숙제에 비해 비중이 낮다든지 여분의 것으로 여겨 대수롭지 않게 생각하거나, 내성적인 성격 탓으로 필요성은 납득해도 현실적으로는 실행하지 못하는 경우가 있다. 따라서 학습자의 학습 스타일이나 성격에 맞춰 적절한 지원이 필요하다.

## 2) 역할극 role play의 활용

역할극의 소재는 아르바이트의 특정 동료나 특정한 이웃사람과의 사이에서 생길 수 있는 일에서 찾는다. 연기할 때 학습자는 자신과 그 특정 인물 사이에서 생겼던 일이라고 가정하고 어느 쪽을 연기하더라도 연기하고 있는 자신의 기분이나 감정의 움직임을 잘 생각해 음미하도록 유도한다. 이를 위해서는 역할극의 획득 목표를 어디에 두는가를 숙고할 필요가 있다.

역할극은 어떻게 행하는가에 따라 여러 가지 다른 학습을 제공해 준다. 일반적으로는 언어형식을 유사현실 상황에서의 역할 관계에 중점을 두어 행해지는 학습이라고 여겨진다. 또한 주어진 상황에서 언어형식을 얼마나 정확하고 유창하게 사용하는가라는 점에서 평가되곤 한다.

그렇지만 전술한 바와 같이, 언어형식뿐만 아니라 연기하는 과정에서 자신의 내면적 감정의 섬세한 변화에 주목하게 하는 것도 가능하다. 초급 수준에서는 학습자의 모어가 매개 언어로 활용될 수 있을 경우(해외에서 가르치는 경우 등) 모어로 논의하고, 중급 수준 이상에서는 토론 활동이나 작문 활동과 연계해 간다. 어떤 경우이건 학습자 개개인이 이문화 상황에서 발생하는 자신의 무자각적인 대응을 유사경험하고, 그것을 대상화하여 시각이나 감정을 둘러싼 다른 학생과의 교류를 심화해서 자기 내부에 성장의 싹을 틔우는 것을 목표로 한다. 이와 같은 형태의 역할극은 당연히 진행 방식과 평가 방식에 있어 통상적인 것과는 구별된다.

상이점은 우선 역할극 전후에 짜여진 활동에 나타난다. 통상적인 역할극에서는 대부분 역할극의 목표가 되는 언어형식에 관한 설명이나 입에 익히게 하기 위한 구두연습을 미리 한다. 이에 반해 여기에서 소개한 역할극에서는 언어형식의 연습과 함께 이러한 상황에서 기분이나 감정면에 어떤 변화가 있을지를 각자 예측하게 한다. 이렇게 함으로써 실제로 연기하는 데 있어 어떤 연기 방식이 있을 수 있는가를 생각하게 된다. 목표로 정해진 언어형식을 별 생각 없이 말하는 것이 아니라, 가령 아르바이트의 특정한 동료 사이에서 어떠한 상호작용에는 어떤 감정이 수반되어 행해지는가에 유의하면서 연기하는 것이 지향된다.

다음의 상이점은 역할극 후에 행하는 정리 활동에 나타난다. 연기한 사람의 연기를 관찰하거나 감정 변화에 대해 보고한 것 등을 바탕으로, 학습자에게 각자 자신의 문제로 느끼고 생각해보게 하는 정리 활동을 한다. 이 논의에 있어서는 일본어 모어화자의 관점도 중요하므로 외부에서 방문객으로서 모어화자의 참가가 바람직하나, 여의치 않을 경우 교사가 그 역할을 하게 된다. 단 모어화자가 참가할 경우 그 모어화자(교사도 포함)가 일본인 전체의 대표라기보다는 모어화자 중 한 사람이라는 입장임을 명심하고, 모어화자 자신도 자국 문화나 학습자의 문화에 대해 새로운 시점을 얻고자 하는 자세를 가지도록 해야 한다.

### 3) 프로젝트 활동 project work

프로젝트 활동은 도서관 내 조사research와 인터뷰(질문지 조사 포함)를 두 축으로 하는 형태로, 이는 일본어학습을 교실 내에 국한시키지 않고 외부로 개방한다고 하는 기본적 성질을 지닌다. 이러한 의미에서 모어화자와의 교류를 꾀한다는 목적에는 최적의 활동 방식이다. 그러나 수업의 물리적 측면(주 몇 회, 몇 시간)이나 학습자의 학습 스타일 혹은 학습 목적에 따라서는 활용하기 어렵고 효과를 올리기 어려운 면도 있으므로 잘 고안되어야 한다.


이상과 같은 방법을 동원함으로써 일본어 모어화자와 접촉하는 상황을 적극적으로 창출하여, 거기에서 발생하는 문제에 대해 함께 음미하면서 해결하려는 시도를 반복하는 것이 가능해진다. 여기에는 선입관이나 고정관념이 개입될 여지가 적어, 학습자에게만 일방적으로 문화면에서의 변용을 촉구하는 것이 아니라 교사 측(또는 일본어 모어화자 측)의 변용의 가능성도 모색할 수 있다고 생각된다.

## 2. 작문 중심의 활동 : '역에서 학교까지'(발착표현)

본 절의 교재·교실 활동은『絵入り日本語作文入門(그림이 있는 일본어 작문 입문)』에서 발췌한 것이다. 초급 단계에서 작문지도를 전면에 내세운 것은 많지 않으나, 위의 교재에서는 명백히 작문지도를 표방하고 있다는 점에서 중요하다. 교재의 서문에서는 [초급 전반을 마친 학습자를 대상으로 하여 작문지도뿐만 아니라 구두연습을 비롯하여 표기연습을 마치고 작문의 기초연습으로 발전시키기 위한 종합적 표현연습을 목적으로 한다]라는 활동의 목적을 명확히 밝히고 있다.

### ·(1) 학습분석

[발착 표현]이라는 제목 하단부에 우선 어휘와 문형이 주어진다. 일반적으로는 여기에서 학습자가 어휘나 문형을 이해하고 암기하려 할 것이다. 암기하기 위해 수차례 소리 내어 말하거나 쓸 수도 있다. 다음으로 주어진 그림을 보면서 말하는 과제가 주어진다. 이 경우 질문과 함께 사용되는 핵심 용어가 제시되어 있으므로, 앞서 암기한 어휘나 문형을 그림을 보면서 재확인하는 형태로 문형 연습을 하게 된다.

이것이 끝나면 또 다시 질문에 대답하는 과제가 주어지는데, 이번에는 자신의 경우에 맞춰 쓰고 대답하게 된다. 이 질문에 대답할 때 학습자는 어떤 취사선택을 하는 것일까? 예를 들어 [역 주변에 무엇이 있습니까?], [학교에 오는 도중에 무엇이 있습니까?], [학교 주변에 무엇이 있습니까?], [당신은 도중에 무언가 샀습니까?]와 같은 질문에 대해, 주어진 어휘와 문형으로 답할 수 있는 범위 내에서 쓸 재료를 끌어 모을 것이다. 다시 말해 초두에 목표가 되는 문형과 어휘가 있고 그 틀 안에서 현실에 맞춰 유사한 문장을 쓰는 것이다. 이러한 식으로 축적해 나감으로써 목표로 하는 문형이나 어휘를 획득할 것이 기대된다.

마지막으로 배운 어휘나 문형을 사용해 작문하라는 지시에 따라 문장을 쓰게 된다. 작문하는 과정에 관해 특별한 과제나 지시는 없으므로 유사한 작문을 할 수 있게 되는 것이 목표임을 알 수 있다.

이와 같은 대략적인 전개를 생각해 볼 때, 이 교재로 학습자는 목표 어휘와 문형을 이해하고 조작할 수 있게 된다는 것으로 동기가 유발되고 이를 위해 노력한다는 것을 알 수 있다. 마지막에 작문을 하게 되는데, 여기에서 문제시되는 능력은 목표 어휘와 문형을 일정 문맥 안에 집어넣는 능력이다. 따라서 학습자와 교사 모두 주어진 형식에 의거하여 정확히 어휘나 문형을 상호 관련시키면서 배열할 수 있는지 아닌지에 관심을 쏟는다.

### (2) 학습디자인 – 어떠한 새로운 학습이 실현될 수 있는가?

위의 교재·교실 활동에 다른 디자인을 함으로써 어떠한 새로운 학습이 실현될 수 있을까?

우선 이 교재의 목표를 [부근 지역을 묘사할 수 있게 되는 것]으로 설정해 보자. 그리고 [학교], [아르바이트 장소], [집 근처], [부근의 역 주변] 등 대상이 되는 장소를 지정한 후에 자유롭게 좋아하는 장소를 택해, 그곳을 특정한 친구나 교사에게 자세히 묘사해 알려주는 것을 작문 과제로 한다. 이 경우 상대는 자신이 지금부터 가르쳐 줄 장소에 대해 몰라야 한다. 예를 들어 교사에게 쓸 경우에는 [집 근처]나 [아르바이트 장소]를 택하고, 아르바이트 동료에게는 [학교]나 [집 근처]를 택하는 식이다.

그리고 쓰는 단계에서 교사는 다음과 같은 점을 배려해야 한다. 갑자기 제목을 주고 쓰게 하는 것이 아니라, 교사가 먼저 자신의 집 근처를 상세히 묘사한 것을 학습자에게 읽게 하거나 들려주어 그와 같은 내용을 다른 사람에게 전하는 것에 대한 동기를 유발시킨다. 이것은 선행 과제에 해당하는 것이다. 그 후 과제를 제시한다. 또한 작문 활동의 전체적인 흐름을 명확히 밝힌다. 아울러 서로가 작문할 때 사용하고 있는 전략, 가령 쓸 내용을 항목화 하고 나서 쓰기 시작하거나 각 문장을 짧게 하거나 사전을 옆에 두고 어휘를 그때마다 확인하면서 쓰는 등의 전략을 서로 소개하거나 교사가 제시하여 쓰기 전략에 주목하게 한다. 이러한 활동을 통해 쓰기에 대한 동기를 유발시킨다.

다음으로 실제 쓰는 과정에서는 다음과 같이 진행해 나간다. 윤곽을 잡는 단계에서는 [집 근처]를 묘사함에 있어 자신의 고향(고국)과 대비해서 쓴다든지, 개관에서 세부로 써나가는 등의 수사적rhetoric인 것에 관해 생각하도록 유도한다. 이 단계에서는 학습자에 따라서 모어를 사용해도 무방한 것으로 하고, 가능한 한 많은 생각이나 아이디어가 나오도록 한다.

실제로 쓰는 단계에서는, 어떻게 하면 상대가 알기 쉬우면서 흥미를 가지게 쓸 것인가를 의식하면서 쓰도록 주의를 환기시킨다. 몇 번이고 재고하면서 고쳐 쓰도록 한다. 이를 위해서 시간을 충분히 갖도록 한다. 고쳐 쓰기에서는 교사가 내용적으로 잘 이해되지 않는 곳을 학습자에게 묻거나 학습자 간 피드백을 활용하여, 상대에게 서로의 것을 읽게 하고 피드백을 주고받게 한다. 문법이나 어휘가 올바른가에 대해서는 최후의 순간까지 손보지 않고 그대로 두도록 한다. 그리고 마지막에 제출된 것에 대해 어휘나 문법의 오류를 지적하고, 우선 학습자 자신에게 정정하도록 한 후에 교사가 정정하여 최종적으로 학습자에게 정서하게 한다.

이렇게 작문 활동을 행하는 경우, 학습자 각자가 무엇을 주제로 선택하느냐에 따라 필요한 어휘나 문형이 쓰는 내용과도 연관되므로 다양하게 된다. 따라서 학습자는 개별적이고 자유롭게 교사나 사전의 도움을 받을 수 있다. 작문 교사가 흔히 말하듯 [자신의 일본어능력을 잘 고려해서 쓸 수 없는 것을 쓰려고 하지 말 것]이라고 하기보다는, 반대로 [자신이 가지고 있는 것을 효과적으로 활용하여 자신이 말하고 싶은 것을 표현할 수 있도록 노력할 것]을 장려한다.

　다 쓰고 난 후의 후속 활동follow up으로는, 반 전체에 회람하거나 각각 교사 이외의 사람을 독자로 정해 자신들의 것을 서로 읽고 비판하는 활동을 들 수 있다. 이러한 경우 일본어로서의 정확성뿐만 아니라 내용적으로 재미있는지 알기 쉬운지 등을 읽는 관점으로 설정한다.

　이상과 같이 문형이나 어휘의 조작능력 향상을 목표로 한 것일지라도 손질을 가하고 다듬어 디자인함으로써 새로운 학습 경험을 제공할 수 있는 것이다.

# 3. 駅から学校まで(発着表現)

역에서 학교까지(발착 표현)

〈 I 〉ことば(단어)

| | | |
|---|---|---|
| 駅(역) | バス停(버스정류장) | 電車(전철) |
| 地下鉄(지하철) | バス(버스) | 道(길) |
| 車道(차도) | 歩道(보도) | 横断歩道(횡단보도) |
| 信号(신호) | 駅前(역 앞) | 交番(파출소) |
| ポスト(우체통) | 売店(매점) | ビル(빌딩) |
| 店(가게) | たてもの(건물) | 途中(도중) |
| 広い(넓다/넓은) | せまい(좁다/좁은) | 大きい(크다/큰) |
| 小さい(작다/작은) | 多い(많다/많은) | 少ない(적다/적은) |
| 近い(가깝다/가까운) | 遠い(멀다/먼) | ~(が)多い/少ない(~가 많다/적다) |
| しずかな(조용한) | にぎやかな(떠들썩한) | 歩く(걷다) |
| 走る(달리다) | ~(を)まがる(~을 돌다) | ~(を)とおる(~을 지나다) |
| ~(を)わたる(~을 건너다) | おりる(내리다) | のる(타다) |

1. 駅から学校まで10分ぐらいです。(역에서 학교까지 10분 정도입니다.)

2. 東京駅でおります。(동경역에서 내립니다.)

3. 横断歩道をわたります。(횡단보도를 건넙니다.)

4. 学生がはしっています。(학생이 달리고 있습니다.)


〈Ⅲ〉上の絵を見て、話してください。

(위의 그림을 보고 말해 보시오.)

1. どんなものがありますか。

(어떤 것이 있습니까?)

・駅のまわりには~(역 주변에는~)

・とちゅうには~(도중에는~)

・学校のまわりには~(학교 주변에는~)

2. どんな人がいますか。何をしていますか。

(어떤 사람이 있습니까? 무엇을 하고 있습니까?)

・駅には~(역에는~)　　　・店には~(가게에는~)

・道には~(길에는~)　　　・学校には~(학교에는~)


〈Ⅳ〉しつもんにこたえてください。あとで書いてください。

(질문에 답하시오. 그 후에 쓰시오.)

1. 学校に近い駅はどこですか。(電車、地下鉄、バスなど)

(학교에서 가까운 역은 어디입니까?)

2. あなたは毎朝、何時ごろ駅につきますか。

(당신은 매일 아침 몇 시쯤 역에 도착합니까?)

3. 駅から学校まで何分ぐらいですか。

(역에서 학교까지 몇 분 정도입니까?)

4. 駅のまわりには何がありますか。

(역 주변에는 무엇이 있습니까?)

5. 学校へ来るとちゅうに、何がありますか。

(학교에 오는 도중에 무엇이 있습니까?)

6. どんな人がいますか。

(어떤 사람이 있습니까?)

7. 学校のまわりには何がありますか。

(학교 주변에는 무엇이 있습니까?)

8. あなたはとちゅうで、何かかいますか。

(당신은 도중에서 무언가 샀습니까?)

〈Ⅴ〉ここで習ったことばや文型を使って、あなたの作文を書いてください。

(200字)

(여기에서 배운 단어나 문형을 사용하여 작문을 하시오.)


〈Ⅵ〉作文例(작문 예)

　わたしの学校は神田駅のそばです。駅から学校まで3分ぐらいです。わたしは毎朝、9時半に駅につきます。駅には人がたくさんいます。駅の中にパンやがあります。わたしはそこで昼ごはんをかいます。駅のまわりには、レストランや、きっさ店や、本やなどがあります。パチンコやもあります。

　学校まで、にぎやかな道を歩きます。店がたくさんあります。ときどき友だちに会います。「おはようございます」とあいさつをします。

(우리 학교는 간다역 옆입니다. 역에서 학교까지 3분 정도입니다. 나는 매일 아침 9시 반에 역에 도착합니다. 역에는 사람이 많이 있습니다. 역 안에 빵집이 있습니다. 나는 거기에서 점심을 삽니다. 역 주변에는 레스토랑과 찻집과 서점 등이 있습니다. 빠칭코점도 있습니다.

학교까지 북적거리는 길을 걷습니다. 가게가 많이 있습니다. 가끔 친구와 만납니다. "안녕"이라고 인사를 합니다.)

(C&P日本語教育・教材研究会編『絵入り日本語作文入門』専門教育出版　p.84-85, 한국어역: 역자)

## 3. 청해 중심의 활동 : '전화는 어디에?'

본 절에서는 라디오 청취자를 대상으로 한 교재『NHK日本語講座初級コース ステップ 1 (NHK일본어강좌 초급코스 스텝1)』를 대상으로 한다. 이것은 듣기를 중심으로 하는 의사소통 활동으로, 일반 교실에서도 복습이나 예습을 위해 자주 사용되는 활동이다. 이하에서는 이 활동에서 어떠한 학습이 실현되고 있는가를 분석하고, 재디자인를 통해 어떠한 새로운 학습이 창출되는가를 생각한다.

### (1) 학습분석

이 활동은 주어진 그림을 보면서 음성 테이프에서 흘러나오는 대화를 듣고, 그림 중 바르다고 생각되는 화살표 방향(왼쪽이나 오른쪽)을 표시하는 것이다. 학습자가 듣는 음성 테이프의 대사(대화) 및 학습자가 보는 그림은 뒤쪽과 같다.

과제 ■ 이 청해 활동을 제2장의 듣기에서 검토 항목으로 들었던 점에 비추어 볼 때, 어떠한 학습이 실현된다고 생각하는가? 항목별로 검토해 보자.

#### _ 실현되고 있다고 생각되는 학습

이 활동에서는 듣기와 관련해 어떠한 학습이 실현되고 있는 것일까? 제2장의 [2. 듣기]에서 살핀 1)~5)에 비춰볼 때 이 활동에서는 어떤 학습이 기대되는지 분석해 보자.

# LESSON 1

## Application A-1

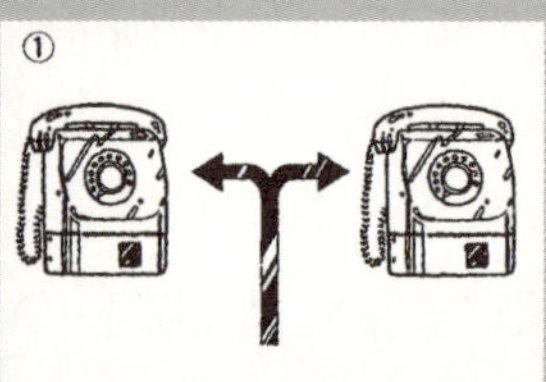

| S : chuunen no sarariman<br>W : josee | S : 중년의 직장 남성<br>W : 여성 |
|---|---|
| S : Suimasen. Denwa, doko desu ka.<br>W : E?<br>S : Suimasen, denwa wa doko desu ka.<br>W : Aa, denwa wa ne. Massugu itte, hidari.<br>S : Massugu itte, hidari desu ne. Doomo. | S : 미안하지만, 전화 어디죠?<br>W : 네?<br>S : 미안하지만, 전화는 어디죠?<br>W : 아, 전화요, 똑바로 가다 왼쪽이요.<br>S : 똑바로 가다 왼쪽이요, 고맙습니다. |

## Application A-2

| M : Wakai bijinesuman<br>W : wakai josee jimuin | M : 젊은 직장인<br>W : 젊은 여성 사무원 |
|---|---|
| M : Suimasen. Posuto, doko desu ka.<br>W : Posuto.<br>M : Hai.<br>W : etto soo desu ne. Tashika massugu iku to, eeto, migigawa ni atta to omoimasu kedo……<br>M : Migi. Doomo arigatoo. | M : 죄송합니다만, 우체통 어디죠?<br>W : 우체통.<br>M : 네.<br>W : 아 그러니까, 아마 똑바로 가서 그－오른쪽에 있었던 것 같은데……<br>M : 오른쪽. 예, 고맙습니다. |

## Application A-3

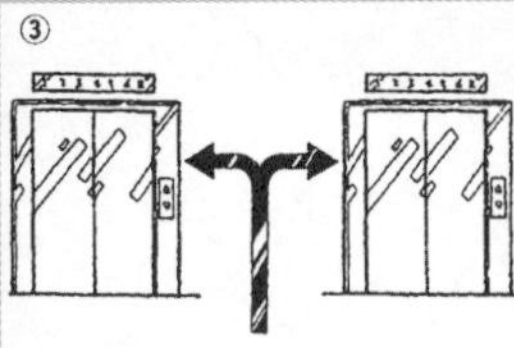

| W : nenpai no josee<br>S : wakai  ten'in | W : 연배의 여성<br>S : 젊은 점원 |
|---|---|
| W : anoo, suimasen. Chotto o-tazune shimasu ga.<br>S : Hai. Irasshaimase.<br>W : Erebeetaa wa doko desu ka.<br>S : Hai. Erebeetaa degozaimasu ne. Kochira, massugu irasshaimasu to hidari-te ni narimasu.<br>W : Aa, soo desu ka. Hai, doomo arigatoo. | W : 저—미안하지만, 말씀 좀 묻겠는데요.<br>S : 예, 어서 오십시오.<br>W : 승강기는 어딘가요?<br>S : 예, 승강기 말씀이신가요. 이쪽으로 쭉 가시면 왼쪽 편에 있습니다.<br>W : 아—그래요. 예, 고마워요. |

## Application A-4

| W : nimotsu o motta wakai josee<br>M : kaisatsu no eki'in | W : 여성<br>M : 개찰구의 역무원 |
|---|---|
| W : Ano, suimasen.<br>M : Ha.<br>W : Takushii wa doko desu ka.<br>M : Takushi wa massugu itte, migi.<br>W : Migi desu ne. Doomo arigatoo gozaimasu. | W : 저—죄송한데요.<br>S : 예.<br>W : 택시는 어디예요?<br>S : 택시는 쭉 가다 오른쪽.<br>W : 오른쪽이요, 예 감사합니다. |

## Application A-5

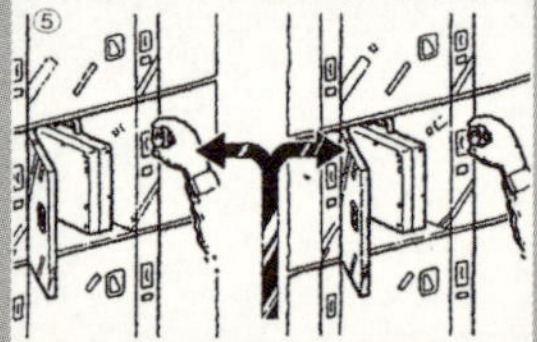

<table>
<tr><td colspan="1" align="center">W : nimotsu o motta wakai josee<br>M : wakai dansee</td><td align="center">W : 짐을 든 젊은 여성<br>S : 젊은 남성</td></tr>
<tr><td>

W : Suimasen. Anoo, koinrokkaa doko desu ka.<br>
M : E?<br>
W : Koin-rokka wa.<br>
M : Aa, hai, hai, koin-rokkaa ne. Koko, massugu itte, hidari na nda kedo ne. Wakaru.<br>
M : Hai, wakarimashita. Doomo.

</td><td>

W : 실례합니다, 저ー물품보관함 어디예요?<br>
S : 예?<br>
W : 물품보관함은.<br>
S : 아ー아ー물품보관함이요. 이쪽으로 쭉 가다 왼쪽인데, 알겠어요?<br>
W : 네, 알겠습니다, 고맙습니다.

</td></tr>
</table>

(NHK日本語講座初級コース ステップ1 (APPLICATIONS A) p.116, 한국어역: 역자)

### 1) 목적을 가지고 집중해서 들을 수 있는가?

무엇을 위해 듣는가라는 목적이 있어 듣는 경우와 목적 없이 그저 듣는 경우와는 듣는 방식에 있어 현저한 차이가 있다. 목적이 있으면 알아들어야 하는 정보가 무엇인지, 그를 위해 어떻게 들어야 하는지에 대해 능동적으로 임할 수 있다. 반면 목적 없이 듣는 경우에는 그저 막연히 듣게 된다. 다시 말해 후자에서는 주의 깊게 듣고 있을 가능성이 전혀 없지는 않으나, 필요한 정보에 귀 기울여 듣는 선택적 듣기selective listening의 연습은 행해지지 않는다.

이 활동에서는 [왼쪽인지 오른쪽인지 듣고 판단하시오]라는 지시의 형태로 듣는 목적이 미리 제시된다. 따라서 학습자는 왼쪽인지 오른쪽인지를 밝히기 위해, 이를 판단하는 데 필요한 정보를 얻으려 텍스트를 듣게 된다. 이런 식의 청취는 모어라면 별반 노력 없이도 가능하지만 제2언어에서는 의식적으로 연습하지 않으면 안 된다는 점을 생각할 때 귀중한 학습을 제공한다고 할 수 있다.

텍스트를 들려준 후 질문을 알리고 답하게 하는 청해 연습에서 문제가 되는 것은, 단순히 말하면 청취력보다 기억력을 요구한다는 점이다. 즉 이와 같은 연습을 잘한다는 것은 텍스트의 내용을 통째로 기억하는 것에 지나지 않는다. 그렇지만 이러한 기억력은 일상적인 듣기 활동에 있어서는 거의 요구되지 않는다. 자신의 일상생활을 돌이켜 보자. 예를 들어 십 분간 어떤 것을 들었는가? 라는 질문을 받았을 경우, 우리들 중 몇 명이 들은 것 전부를 정확히 생각해낼 수 있겠는가? 아마 들은 것의 내용은 어느 정도 생각해낼 수는 있을 것이다. 그러나 들은 것이 무엇인지 하나도 빠짐없이 전부 생각해내는 것은 거의 불가능에 가깝다. 그렇다고 해서 듣기능력에 문제가 있으니 청해 연습을 좀 더 하라는 식의 지적을 받지는 않는다.

이 활동에서는 텍스트의 대화를 듣고 외워서 답하는 것이 아니라, 들으면서 바로 왼쪽인지 오른쪽인지를 답하는 형식을 띠고 있다. 따라서 기억력은 전혀 관여하지 않는다고 할 수 있다. 다시 말해 이 활동에서는 들으면서 동시에 들은 결과를 표시할 것을 요구하는 것이므로 학습자가 듣기에 전념할 수 있도록 만들어진 것이다.

### 2) 적절한 예측 하에 들을 수 있는가?

오른쪽인지 왼쪽인지 올바르게 답하는 것이 이 활동의 듣기 목적이다. 여기에서 올바른 쪽에 표시한다는 점을 강조한다면 이 목적은 어학 교실 특유의 것이라 할 수 있다. 그러나 왼쪽인지 오른쪽인지 알아듣기 위한 것이라는 점에서 생각한다면 이는 일상생활에서 흔히 있을 수 있는 일이다. 특히 여기에서 주고받는 대화의 내용을 생각해 본다면 각 상황은 등장인물을 포함해 극히 일상적으로 경험하는 일이다. 또한 학습자를 묻는 입장에 둔다면 답을 구하는 일 또한 일상적인 일이다. 즉 생활 속에서 일상적으로 접할 것으로 여겨지는 경험(모어화자에게 무언가를 묻고 이에 대한 응답을 자신의 목적에 맞춰 알아듣는 것)을 교실에서 미리 경험케 하는 학습이 행해질 수 있을 것이다.

그렇다면 이 활동에서 주어진 그림을 보고 우리들은 일반적으로 어떤 것을 예측할 수 있는가? 전화, 우체통, 승강기, 택시 타는 곳, 그리고 좌우 화살표가 있을 때 이것이 방향을 묻고 그에 답하는 상황일거라는 예측이 가능하다. 동시에 그와 관련된 어휘나 문형 등도 정확한 형태가 아닐 수는 있으나 어느 정도 상정할 수는 있을 것이다.

이와 같은 상정과 예측을 하고 이를 토대로 듣는다면 청해가 간단해질 뿐만 아니라 일상적으로 행해지는 것에 근접하게 된다. 다시 말해 이 활동에서는 예측을 권장하고 그 결과로써 예측하면서 듣는다고 하는, 듣기에 있어 가장 중요한 학습이 촉진된다고 생각할 수 있다. 주목할 점은 이 것이야말로 교실 밖에서 무언가를 듣는 경우에 불가결한 기능이라는 것 이다.

### 3) 듣기 텍스트가 구어의 특징을 지니고 있는가?

초급 수준의 학습자에게 들려주는 텍스트라고 하면, 미지의 단어와 문 형으로 잘 짜여 있으나 일상적으로는 그다지 들어보지 못한 문어에 가깝 고 내용적으로도 흥미롭지 못한 것이 많다. 그런데 이 활동에서 학습자가 듣는 텍스트는 각 상황에서 일상적으로 흔히 들을 수 있는 말에 상당히 가깝다. 단적으로 말하면 백화점 점원은 점원이 일상적으로 사용하는 정 중한 말투를 사용하고 역무원은 역무원다운 말투를 사용하고 있다. 또한 되묻는 경우에도 재차 물어 자신이 알고 싶은 것을 알아내고자 하는 기능 이 잘 나타나 있다.

만일 이러한 텍스트의 발화를 빠짐없이 전부 이해할 것을 요구한다면 학습자는 도중에 완전히 포기해 버릴 수도 있다. 이와 달리 이 과제는 대 화의 쌍방이 협력하여 길을 묻고 답한다는 목적을 달성해 가고 있음을 잘 나타낸 텍스트라고 할 수 있다.

### 4) 화자가 보이는가?

이 활동에서는 텍스트가 음성 테이프로 녹음된 것이므로 화자가 전혀 보이지 않는다. 따라서 테이프에서 흘러나오는 음성만이 단서가 된다. 일상생활에서 접하게 되는 듣기는 음성뿐만 아니라 그 외 다양한 형태로 존재하는 정보를 입수할 수 있으므로 이러한 점에서 한계를 지닌 활동이 라고 할 수 있다. 음성 외의 정보를 어떻게 입수하여 합리적인 해석에 활 용할 것인가라는 점에서의 학습이 행해질 수 없기 때문이다.

### 5) 답변 방식에 심사숙고한 흔적이 있는가?

이는 들은 결과를 어떻게 나타내는지와 같은 답변 방식과 관련된 문제
이다. 즉 듣고 이해한 결과를 글로 쓰게 하거나 말하게 하는 경우에는 각
각 쓰기·말하기라는 능력이 개입된다. 그래서 제대로 답하지 못한 경우
에 알아듣지 못해서인지 알아듣기는 했으나 쓰기·말하기에서 실패한 것
인지 알 수 없게 된다. 또한 초급의 초반 단계에서 듣기능력을 키우면서
그 위에 산출능력을 기르는 식으로 이해와 산출에 시간차를 둔다고 한다
면, 쓰거나 말하는 식의 답변 방식을 요구하는 경우 제대로 답할 수 없게
된다.

그렇다면 이 활동은 어떠할까? 주어진 그림에 표시하는 답변 방식을
취하고 있으므로 위와 같은 문제는 발생하지 않는다. 다시 말해 이 활동
은 답변 방식에 한해 본다면 제대로 알아들었는지 아닌지를 직접적으로
물을 수 있도록 고안되어 있으며, 알아듣는 것에 집중하는 학습이 가능하
도록 되어 있다.

이상 각각에 관해 검토한 것을 전체적으로 정리해 보자. 이 활동에서
의 학습은 일상생활의 듣기에서 발동되는 것으로 여겨지는 다양한 능력
이나 전략을 잘 사용할 수 있도록 전개된다. 동시에 초급의 학습자는 문
형과 어휘가 부족하므로 그것 없이 듣거나 읽는 것이 어렵다고 하는, 교
사나 학습자가 일반적으로 갖고 있는 언어 학습에 대한 확신을 재고하게
하는 기회를 제공하고 있다.

다시 말하면 이 활동에서 사용되는 텍스트에는 자연스러운 표현이 중
시되고 정중한 말투 등도 포함되어 있다. 이러한 텍스트의 발화 하나하나
를 전부 이해할 것을 요구한다면 학습자는 도중에 포기할 것이다. 그러나
이 텍스트와 같이 왼쪽인지 오른쪽인지를 듣고 답하게 하는 형태로 듣는
목적을 명시하고, 그리고 일반 대화처럼 듣는 이에게 제대로 전달하기 위

해 반복이나 고쳐 말하기 등의 확인이 이루어지는 경우에는 초급 학습자
라고 할지라도 설정된 목적을 달성할 수 있다.

여기에서 새로운 학습을 가능하게 하는 장이 제공된다. 텍스트 전체를
듣거나 이해하려고 하는 태도가 아니라, 목적을 달성하는 데 중요한 것에
만 초점을 맞춰 듣는 식으로 듣기에 대한 태도를 바꾼다고 하는 학습이
다. 더불어 어떻게 하면 목적에 합치한 듣기 방식을 취할 것인가라는 점
에서 청해 전략을 택하거나 숙고할 수 있는 기회가 주어진다.

이와 같이 명확한 목적을 설정한 상태라면 일반적으로 일상생활에서
듣게 되는 (초급자에게 있어) 고도의 자연스러운 대화라 할지라도 해석 가
능하다는 것을, 이 활동은 구체적인 경험을 통해 학습케 한다.

### (2) 학습디자인—어떠한 새로운 학습이 실현될 수 있는가?

앞서 본 바와 같이 이 활동의 텍스트는 음성 테이프에 의해 주어지는
데, 이 점이 일상적인 듣기 활동을 교실 안에서 실현하고자 하는 점에서
보았을 때 문제였다. 그렇지만 역무원이나 백화점 점원 등의 고유한 발화
를 교실에서 듣고자 할 경우 음성 테이프를 사용하지 않을 수 없으므로,
이것은 비일상적인 음성 테이프를 더 이상 사용하지 않거나 역무원이나
백화점 점원의 자연스러운 발화를 들려주는 것을 포기하거나 둘 중 양자
택일의 문제라고 할 수 있다.

이 활동은 라디오 청취자를 대상으로 한 독학용 활동으로 만들어져 있
다. 따라서 교실과 같은 복수의 학습자를 대상으로 한 교실 활동에서 사
용할 경우에는 소집단으로 활동하는 장점을 살릴 수 없으므로 재디자인
할 필요가 있다.

교실에서 사용한다면, [어학 교실에서는 일구일언에 주목하여 전부를

완전히 알아듣고 이해하지 않으면 안 된다]라는 확신을 지닌 학습자가
[교실 안에서도 교실 밖에서 행하는 것처럼 듣는다는 목적 하에 그 목적
에 맞춰 들을 수 있게 된다]와 같은 새로운 확신을 얻기 위한 장을 제공하
는 것이 지향되는 경우에 가장 적합하다. 이와 같은 듣기 방식을 둘러싼
학습은 어느 단계의 일본어학습자에게도 필요하나, 특히 학습을 시작한
지 얼마 되지 않은 초기 단계에 있어서는 [학습 방식을 학습한다]라는 점
에서 중요하다.

> 과제 ■   (1) 새로운 확신을 얻는 장의 제공을 목적으로 한다고 했는데, 듣
>              기 방식에 관한 지금까지의 어떤 듣기 방식과 다른 어떤 듣기
>              방식의 학습 경험을 제공하고자 하는 것인가? 구체적인 활동
>              의 예를 통해 두 듣기 방식의 특징을 들어 보자.
>          (2) [학습 방식을 학습한다]는 것은 무엇을 의미하는가?

## _ 듣기 방식에 초점을 둔 학습디자인

이제 듣기 방식에 초점을 둔다는 관점에서 이 활동을 새롭게 디자인하
고자 한다. 특별한 고안 없이 그대로 이 활동을 실시했을 때의 학습자의
대응은 어떠할까? 일반적인 경우를 도식적으로 나타내면 다음과 같다.

① 지시를 충분히 듣지 않고(보지 않고), 일단 테이프를 듣기 시작한다.
② 그림은 테이프를 들으면서 처음으로 본다.
③ 알아들을 수 없는 단어나 이해할 수 없는 문장이 나오면 혼란에 빠
   져 그 지점까지 몇 번이고 테이프를 되감아 빠짐없이 듣고 이해하
   려고 한다.
④ 테이프에서 흘러나오는 [おたずねしますが(말 좀 묻겠는데요)], [エ
   レベーターでございますね(승강기 말씀이신가요)] 등의 지점에서

포기하게 된다.

⑤ 답안 맞추기에서 정답을 맞혔더라도 왠지 석연치 않은 불만족감이
   남는다.

물론 교사의 지도가 없거나 활동이 특별히 디자인되어 있지 않다고 하
더라도 다음과 같은 듣기 방식이 가능한 학습자도 있다. 예를 들어,

① 듣기에 들어가기 전에 제시된 그림을 주의 깊게 보고 앞으로 어떤
   대화가 나올 것인지를 상상해 본다.
② 어떤 곳에서 어떤 사람들이 전화나 우체통 등에 대해 묻거나 답하
   는지를 구체적으로 상상한다.
③ ①과 ②의 활동 후에 테이프를 듣기 시작한다.
④ 들을 때는 무엇을 들어야 하는지 항상 염두에 둔다. 즉 [듣는 목적]
   에 맞는 것을 청취하며 그것과 연관되지 않는 것은 의식적으로 듣
   지 않는다고 하는 청해 전략selective listening strategy을 사용한다.

와 같은 방식을 취하는 학습자이다.

이하에서는 위와 같은 학습자가 아닌, 그러한 듣기 방식의 경험이 없
는 학습자에 초점을 맞춰 새로운 듣기 방식에 접하는 장을 제공하는 것에
목적을 둔 학습디자인을 하고자 한다. 그 이유는 전술한 듣기 방식, 즉 적
절한 청해 전략(특히 selective listening strategy를 사용할 수 없다는 것은 우선
그러한 전략을 필요로 하는 활동에 접할 수 없었기 때문이며〈교사 측에서 보면
그러한 활동을 제공하지 않았다〉), 또한 듣기 방식의 전략에 대해 명시적으
로 설명을 들은 경험이 없었기 때문이라고 생각되기 때문이다.

두 타입의 듣기 방식을 비교해 보면 양자 간의 기본적인 차이는 목적에
맞는 듣기 방식을 취하려 하고 있는지, 자신이 지닌 상식이나 지식을 동원
하여 예측이나 상상을 하고자 하는지의 두 가지에 있다고 할 수 있다.

이 두 가지를 가능하게 하기 위해서는 다음과 같은 것이 필요하다.

① 우선 듣는 목적을 설정할 것.

② 다음으로 그 목적을 의식할 기회를 준비할 것.

③ 그리고 그 목적을 달성하기 위해서는 어떠한 정보가 필요한가를 생각하게 할 것.

④ 마지막으로 지금까지의 자신의 경험이나 상식에 비춰 어떤 일이 어떻게 전개될 것인지에 대해 상상하거나 예측하게 할 것.

### 1) 학습자를 대화 당사자로 한다

그렇다면 이와 같은 것을 가능하게 하려면 어떤 손질이 필요한 것일까?

선택지 중 한 가지는 학습자를 대화의 몰래 듣기와 같은 제3자적 입장에 두지 않고 대화의 당사자로 만드는 것이다. 즉 자신과는 무관한 누군가의 대화를 몰래 엿듣는 것이 아니라 학습자 자신을 해당 대화의 당사자로서 참가하게 하는 형식이다. 그렇다면 이 활동의 경우에는 어떻게 해야 할 것인가?

지시를 다음과 같이 바꾸어 본다.

> 다섯 사람이 무언가를 묻고 있습니다. 아래의 그림에 각 상황이 묘사되어 있습니다. 대화를 듣고 묻고 있는 것이 그림의 왼쪽에 있는지 오른쪽에 있는지 표시하시오.

> 당신이 찾고자 하는 것을 찾기 위해 질문을 하고 있습니다. 아래의 그림에 당신이 찾고자 하는 것이 나타나 있습니다. 대화를 듣고 당신이 찾고 있는 것이 그림의 왼쪽에 있는지 오른쪽에 있는지 표시하시오.

이렇게 함으로써 학습자는 대화 당사자가 될 수 있다. 학습자는 자신이 어디에서 무엇을 찾고 있는지를 그림을 보면서 확실히 한 후 대화를 듣는 것과 같은 듣기 방식을 학습하게 된다. 아울러 일반적인 대화가 아니라 질문에 대한 대답 부분에 초점을 맞춰 듣게 된다. 즉 목적에 합치하는 부분에 초점을 두어 듣는 듣기 방식이다.

더불어 중요한 점은 이러한 활동 후에 바로 자신이 행한 활동을 뒤돌아보게 하여, 듣기 방식에는 여러 가지가 있으며 과제에 따라서 각기 적절한 듣기 방식을 선택할 수 있다는 것을 학습자에게 명시적으로 설명하여 이해를 구하는 것이다.

### 2) 선행 과제를 도입한다

또 하나의 선택지는 선행 과제의 도입이다. 선행 과제란 일반적으로는 본격적인 활동에 앞서 그 활동을 용이하게 하기 위해 행하는 과제를 말한다. 이 경우는 특정한 듣기 방식의 학습에 중점을 둔 것이므로, 그 듣기 방식을 유도하는 것이 활동의 목적이 된다. 구체적으로는 아래와 같은 그림과 상황에 주목하여 어떤 대화가 이루어지는지, 특히 어떤 대답이 나오는지에 중점을 두어 짝끼리 생각해 보게 하는 것이다.

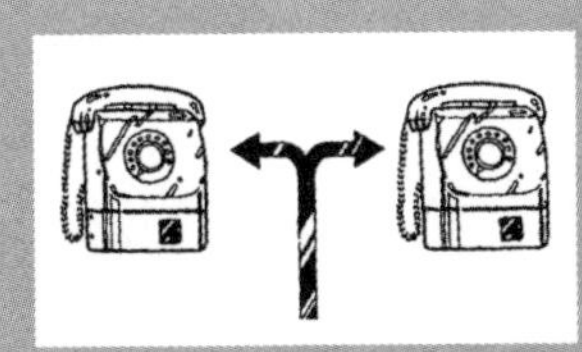


이것은 어떤 대화인지를 상상해서 그것을 쓰는 활동이 아니다. 역내의 매점 점원이라면 어떤 식의 말투를 쓰는지, 혹은 공중전화는 대개 이정표가 되는 것 옆에 있다든지, 곧장 가서 왼쪽이나 오른쪽이겠지 등과 같은

것을 짝끼리 말하는 활동이다. 짝끼리의 대화는 학습자 간에 매개 언어가 있을 경우 일본어에 구애받지 말고 매개 언어를 사용하도록 한다. 이를 위해 매개 언어가 같은 학습자를 짝으로 할 수도 있다. 서로 말한 결과에 대해 교사가 간단히 정리하는 정도로 하고 쓰는 시간은 따로 마련하지 않는다. 다시 말해 지금부터 들을 대화의 흐름을 상상하고 익숙해지게 하여 심리적으로 준비하는 것이 목적인 것이다.

### 3) 새로운 활동과 연계하여 활동 사슬로 행한다

이것은 선행 과제와 달리 독립된 활동을 새롭게 준비하여 활동 사슬을 만드는 것이다. 교실 안에서의 일본어는 잘 알지만 교실 밖의 일본어는 잘 모르겠다고 하는 학습자가 많다는 것을 고려하여, 새롭게 준비한 활동에서는 최종적으로 직업이나 연령에 따른 특유의 말하는 방식에 접했을 경우 그 안에서 자신이 알고 싶은 정보를 파악하도록 하는 것을 목표로 하고, 그 전난계로서 우선 다양한 표현이 존재한다는 것을 경험케 하고자 한다.

구체적으로는 a부터 f의 사람에게 ①부터 ⑥까지를 묻는 내용의 음성 테이프를 듣고, 어떤 사람이 어떤 내용을 어떤 말을 사용해 표현하고 있는가를 생각하는 짝 활동이다.

| | |
|---|---|
| a. 초등학생 정도의 어린이 | ① 초등학교 |
| b. 할아버지 | ② 우체통 |
| c. 역무원 | ③ 물품보관함 |
| d. 역내 매점의 점원 | ④ 현금인출기 |
| e. 백화점 점원 | ⑤ 승강기 |
| f. 버스 운전수 | ⑥ 택시승강장 |

짝끼리 대화할 때의 언어는 전술한 바와 마찬가지로 매개 언어가 있다면 그것을 사용해도 좋은 것으로 한다. 대화한 결과는, 가령 [초등학생에게 초등학교가 어디에 있는지를 물었다. 초등학생이 대답하고 있다], [초등학생의 말하는 방식은 요령이 없고 어린아이가 사용하는 일본어는 알아듣기 어렵다]와 같이 짝끼리 정리하면 된다. 이때 일본어 혹은 매개 언어 모두 사용할 수 있도록 한다. 또는 앞서 언급한 것과 같은 선택지를 마련해 그중에서 적당한 것을 택해 답하게 해도 좋다.

이 활동은 역무원이나 백화점 점원 특유의 말하는 방식 혹은 장소를 질문 받았을 때의 독특한 답변 방식을 경험하게 하고, 비록 분석하는 수준까지는 되지 않더라도 전체적으로 막연하게나마 느껴볼 수 있게 하는 것을 목표로 한다. 그런 후 다음의 청해 활동으로 이어나간다.

## 4. 청해 · 회화 중심의 활동 : '부추 세 단에 100엔'

이 활동은 일본어교육 교육실습생이 행한 수업(1994년도 동경외국어대학 외국어학부 일본어학과)에서 인용한 것이다. 초·중급 수준의 학습자가 섞여있는 교실이며, 학습 목적은 일본에서 일하고 생활하는 데 필요한 일본어를 습득하는 것이다.

이하에서 검토하는 활동은 학습자가 전 시간에 쓴 일기를 소재로 한 청해와 회화를 연계하고자 한 것이다. 활동의 절차는 다음과 같다.(   ) 안은 교사(실습생)의 예측 혹은 유의 사항이다.

① 교사가 일기를 두 번 소리 내어 읽는다.

    (두 번 천천히 읽으면 대강의 내용은 알 수 있을 것이다)

② 의미를 이해했는지 전체에게 묻는다. [分かりましたか。 (알겠습니까?)]

    (알았는지 확인하는 의미로 간단한 질문을 한다)

③ 일기 전체를 신속히 판서한다.

    (들은 내용을 눈으로 확인할 수 있도록 판서한다)

④ 전체를 향해 질문한다.

    a. 여러분이 A씨라면 어떤 느낌이었을까요?

    b. 여러분이 A씨였다면 어떻게 했을까요?

    c. 여러분도 A씨와 같은 경험을 한 일이 있습니까?

    (이 부분이 활동의 초점이므로, a, b, c 모두 충분한 시간을 들여 다룬다. 학습자로부터 많은 발화를 유도한다)

**学習者Aさんの日記**(일본어원문)

このあいだ南町の市場に行きました。そこで、にら三わ100円という札が
あったので「にら三わ下さい」といって100円払いました。店の人が袋にに
らを入れてくれました。ところが、袋のなかには二わしかありません。店の
人に一わ足りないことを言いたかったのですが速く日本語を話すことが
できませんので、自分で一わとって袋に入れました。すると、店の人が
「袋の中とおつりを見せて下さい」と言いました。私がとろぼうをしたと
思ったのです。私はとても悲しかったです。


**학습자 A씨의 일기**(한국어역)

며칠 전에 미나미쵸 시장에 갔습니다. 한 가게에 부추가 세 단에 100엔이라는
팻말이 있어, "부추 세 단 주세요"라고 말하고 100엔을 냈습니다. 가게 주인이
봉지에 부추를 넣어 주었습니다. 그런데 봉지 안에는 두 단밖에 없었습니다. 가
게 주인에게 한 단이 모자란다고 말하고 싶었지만, 일본어를 빨리 말할 수 없어
서 그냥 한 단을 집어 봉지에 넣었습니다. 그러자 가게 주인이 "봉지와 거스름
돈을 보여 주세요"라고 말했습니다. 제가 도둑질을 했다고 생각한 것이었습니
다. 저는 매우 슬펐습니다.

---

**과제** ∎ (1) 이 활동이 교사(실습생)가 의도한 대로 실현되었다고 생각하
는가? 그렇지 않으면 기대대로 되지 않았다고 생각하는가?
그렇게 판단한 이유는 무엇인가?

(2) 당신이라면 이 일기를 사용해 학습자에게 어떤 학습을 시키
겠는가?

**(1) 학습분석**

앞서 소개한 활동에서는 학습자에게 어떤 학습이 기대되었으며 실제로는 어떠했을까?

교사(실습생)는 ④번 활동 [전체를 향해 질문한다]는 것에 중점을 두었고, ①에서 ③은 도입 정도로 생각하였다. 전 시간의 수업에서는 자신들이 평소에 경험하고 있는 것을 특정한 형식에 따라 쓰기라는 작업을 하였다. 쓴 것 중에서 토론의 소재가 될 만한 것을 교사가 선택하여 이를 말하기 활동으로 이어가려고 생각한 것이다.

교사에게 있어 학습자가 수행하리라 상정된 학습의 흐름은 다음과 같다.

① 교사가 일기를 소리 내어 읽는 것을 듣는다.

② 들으면서 내용을 아는지 모르는지 생각한다.

③ 교사가 판서한 것을 보고 자신이 들은 것과 비교해 본다.

④ a. 들은 내용에 대해 자신은 어떻게 생각하는지, 어떻게 느끼는지를 상상하고 일본어(혹은 모어)로 표현해 본다. 모어로 말한 경우는 보조교사가 통역해 준 일본어를 이해한다.(이 실습수업에는 각 학습자 옆에 학습자의 모어가 가능한 실습생(보조교사)이 앉아 도움을 준다)

  b. 자신이라면 어떻게 할지를 생각해 일본어(혹은 모어)로 표현한다. 모어로 말한 경우는 보조교사가 통역해 준 일본어를 이해한다.

  c. 자신에게도 비슷한 경험이 있었는지 되돌아본다. 그것을 일본어(혹은 모어)로 표현한다. 모어로 말한 경우는 보조교사가 통역해 준 일본어를 이해한다.

그렇다면 실제로는 어떠했을까? 교사의 의도대로 진행되었을까? 결론부터 말하면 [아니오, 그다지]이다. 간단히 말해 학습자는 교사가 처음에 읽어준 일기를 이해하는 데 실패하고, 그것이 계속 영향을 주어 교사가 기대한 만큼 학습자를 대화의 장으로 끌어들이지 못했던 것이다.

상기 ④의 a-c에 나타나듯이, 여기에서의 학습은 생각하거나 떠올리거나 상상한 것을 클래스 전체에게 표현하는 것으로, 심리적으로 상당히 편안한 상태가 아니면 하기 힘든 것이다. 제3장의 [1. 말하기]에서 언급한 의사소통상의 긴장communicative stress이라는 점에서 본다면 이 활동은 긴장도가 매우 높은 활동인 것에 주의하자.

실제로 학습자의 대부분이, 교사가 소리 내어 읽어주는 내용을 따라갈 수 없었다. 내용을 이해하기 어려웠던 것이다. 어떤 학습자는 초반부의 [南町市場(미나미쵸 시장)]을 알아듣지 못하고 혼란에 빠져 그 이후는 그저 건성으로 듣고 있을 수밖에 없었을지도 모른다. 핵심 단어인 [にら(부추)]가 무엇인지 이해하지 못하고 어떤 곳에서의 이야기인지 짐작조차 하지 못한 학습자도 있을 수 있다. 이러한 학습자에게 있어 그 이후의 활동은, 교사의 의도와는 달리 다음과 같이 진행되었으리라 생각된다.

선생님이 무언가를 읽어주었지만 무슨 이야기인지 잘 몰라 헤매고 있는데, 선생님이 "알겠습니까?"라고 물었다. 애매한 표정을 지으니 선생님은 뭔가 칠판에 쓰기 시작했다. 공책에 받아쓸까 어쩔까 망설이면서 칠판을 보고 있자니, 선생님은 금방 판서를 마치고 갑자기 이런 질문을 하였다. "만일 당신이 A씨였다면 이럴 때 어떤 기분이 들까요?" 누군가가 "화를 냅니다."라고 말했다. "기분 나빠요."라는 대답도 들렸다. 그러자 선생님이 뭔지 잘 모르는 말("그렇죠, 세 단이어야 하는데 두 단 밖에 없다니 기분 나쁘겠죠.") 을 하면서 (이것을) 하나씩 칠판에 써나갔다.

교사 측에서 이 활동의 초점으로 정했던 교사와 학습자의 상호작용에 적극적으로 참가하지 않았던 학습자는, 이 관찰에서 보는 한 참가하고 싶어도 참가할 수 없었다고 하는 편이 타당하다고 여겨진다.

일기를 읽어서 들려주는 활동은 교사의 입장에서 보면 단순한 도입에 불과하고, 수업의 초점은 다음에 이어지는 회화 활동에 있었으므로 시간을 과도하게 사용할 수 없다는 제약은 있었을 것이다. 그러나 실제의 수업 전개에서 밝혀진 바와 같이, 전 단계에서의 실패는 당연히 초점이 되는 활동에까지 영향을 끼치게 된다.

여기에서 전 단계의 청해 활동에 한해 무엇이 문제였는지, 그 문제를 극복하기 위해서는 청해 활동을 어떻게 새롭게 디자인해야 하는지 생각해본다.

## (2) 학습디자인 — 어떠한 새로운 학습이 실현될 수 있는가?

학습자는 어째서 교사가 읽어주는 일기를 알아듣지 못했던 것일까? 그 이유 중 한 가지는 교사가 일기를 읽어주었다는 것 자체에 있다. 이 텍스트가 본래 씌어 있는 것이라는 점을 생각한다면 그 이유는 명백하다. 즉 씌어 있는 것을 이해하는 데는 읽는 이 스스로가 묵독하는 것이 가장 적합하다. 다른 사람이 읽어주는 것은 의미를 이해하기 어렵다. 언어능력이 낮은 경우에는 더더욱 그러하다. 이것을 교사가 읽어서 들려주었던 것이다.

또 하나의 이유는 교사가 아무 설명이나 동기 부여도 없이 갑자기 읽어주었다는 점이다. 학습자에게는 지금부터 듣는 것이 자신들이 쓴 일기라는 정보뿐, 내용의 단서가 될 만한 정보는 전혀 주어지지 않았다. 일기에는 어떤 것이 씌어 있는지 예측을 세우려 해도 세울 방법이 없고, 따라서 아무런 준비도 없이 그저 들을 수밖에 없었다고 할 수 있다.

그렇다면 그 대신 어떤 방법이 가능한 것일까? 다음과 같은 과제를 설정해보자.

① 씌어 있는 것을 읽어줄 것인가 말 것인가?
② 선행 과제를 어떻게 할 것인가?

①에 대해서는 두 가지 선택지가 있다. 소리 내어 읽어주는 경우와 읽어주지 않는 경우이다. 또한 소리 내어 읽어주는 경우에도 두 가지 선택지가 있다. 그냥 읽어주는 방법이 교사가 수업에서 택한 선택지이다. 또 하나는 그냥 읽어주는 것이 아니라, 듣기에 앞서 ②의 선행 과제를 행하는 방법이다.

읽어주지 않는 경우는 어떨까? 여기에도 두 가지 방법이 있다. 하나는 교사가 구두로 요약한 내용을 설명하는 방법이고, 또 하나는 씌어 있는 것을 배포해 학습자가 각자 묵독하는 방법이다. 어느 방법을 취하는가에 따라 학습자가 수행할 학습에 현격한 차이가 있을 것으로 생각된다. 위의 선택지를 하나씩 검토하기로 한다.

## _읽어주기 방식과 선행 과제에 초점을 둔 학습디자인

### 1) 그냥 읽어주기

그냥 읽어주는 것을 알아듣는 능력은 언어능력에 크게 의존하므로 초·중급 수준의 학습자에게는 상당한 어려움이 수반된다. 그와 같은 어려움을 덜기 위해, 다음과 같이 일정 방향으로 들을 것을 유도하는 목적의 과제지task sheet를 준비한다.

A씨의 슬픈 경험

1. 어디에서?                      {집  학교  직장  시장}
2. 부추는 세 단에 얼마?            {75엔  100엔  150엔  200엔}
3. 봉지 안에는 부추가 몇 단?       {2단  3단  4단  5단}
4. A씨는 어떻게 했나?
   - 봉지에 부추 한 단을 직접 집어넣었다.
   - "한 단 모자라요."라고 말했다.
   - 아무것도 하지 않았다.
   - "미안합니다."라고 말하며 봉지 속을 보여주었다.
5. A씨는 도둑?

교사가 우선 구두로 A씨가 쓴 일기를 지금부터 읽겠으니 이 과제지의 질문에 주의하여 듣도록 지시한다. 그 다음에 1부터 5까지의 질문에 대해 이해하고 있는지, 답변의 선택지는 어떤지 간단히 점검한다. 그리고 들으면서 바른 것에 표시하도록 지시하고, 일기를 읽어준다. 1에서 5까지 한번에 전부 답하게 해도 무방하나, 아래와 같이 몇 번에 나누어 할 수도 있다.

지시 : 작문을 읽겠으니 잘 듣고 1번과 2번 문제에 답하세요. (정답을 확인한 후)
지시 : 이번에는 3번과 4번 문제에 답하세요. (정답을 확인한 후)
지시 : 끝으로 5번 문제에 답하세요. (정답을 확인한다)

이와 같은 지시를 부여함으로써, 교실 안에서도 목적을 가지고 그 목적에 따라 특정한 정보를 얻기 위해 듣는다고 하는 듣기 방식을 경험할 수 있을 것이다.

〈hint〉 전자의 경우 한번에 들어야 할 사항은 한 가지 혹은 두 가지이다. 이에 비해 후자는
매번 질문 전체의 답을 들어야 할 필요가 있다. 두 경우 모두 테이프를 세 번 듣지
만, 전자에서는 한번에 들어야 할 정보가 두 가지인 데 반해 후자에서는 다섯 가지
모두가 되는 것이다.

### 2) 선행 과제＋읽어주기

선행 과제의 목적은 다음의 네 가지로 정리된다.

- 학습자에게 읽는 목적을 부여한다.
- 어떠한 정보가 필요하게 될지를 생각하게 한다.
- 텍스트의 개괄적인 내용을 예측하게 한다.
- 텍스트의 핵심어를 이해하게 한다.

이러한 목적을 충족시키는 선행 과제로서, 이 활동의 경우에는 다음과
같은 것을 생각할 수 있다. 우선 아래의 과제지를 가지고 짝끼리 인터뷰
하는 활동을 한다.

a. 미나미쵸 시장에 대해 알고 있습니까? 예 / 아니오

b. 미나미쵸 시장에 자주 갑니까?　　　　예 / 아니오

c. 미나미쵸 시장에서 주로 파는 것을 골라 보시오.

　　호박, 당근, 피망, 부추, 양파, 양배추, 토마토, 빵, 쌀,

　　메밀국수, 우동, 밀가루, 생선, 고기, 두부, 소시지, 햄, 낫토

d. 미나미쵸 시장은 가격이 쌉니까, 비쌉니까?

　　비싸다, 싸다, 비싼 것도 있지만 싼 것도 있다(싼 것은 무엇?)

e. 미나미쵸 시장의 가게 주인은 친절합니까, 그렇지 않습니까?

f. 미나미쵸 시장의 가게 주인은 항상 바쁠 것 같습니까, 그렇지 않습니까?

g. 부추는 한 단에 얼마입니까?

h. 부추가 세 단에 100엔입니다. 당신이라면 사겠습니까?

i. 미나미쵸 시장을 좋아합니까, 싫어합니까?

j. '도둑'이라는 단어를 알고 있습니까?

짝끼리 서로 이야기하게 한 후 클래스 전체에서 정리한다. 정리할 때는 읽어줄 텍스트의 핵심어인 [南町市場(미나미쵸 시장), にら(부추), 三わ 100円(세 단에 100엔)]에 익숙해질 수 있도록, 그리고 이 시장의 분위기를 충분히 상상할 수 있도록 유의한다. 그리고 난 후 지금 말한 시장에서 A씨가 무척 기분 나쁘고 슬픈 경험을 한 것을 알리고, [그것은 어떤 일이었는가?]라는 질문을 전체에게 하여 슬픈 경험이 무엇이었는지 상상력을 발휘해 말하게 한다. 그 후 여러분이 추측한 것을 확인해 보자며 일기를 읽어준다.


### 3) 교사의 설명(학습자 대상어 : teacher talk)

들어서 알기 쉬운 것은 구어이다. 문어를 듣고 이해하는 것은 어렵다. 특히 언어능력이 그다지 높지 않은 경우에는, 학습자에 대해 숙지하고 있는 교사가 그 학습자에 맞춰 풀어서 이야기하는 방식이 가장 알기 쉽다.

A씨가 쓴 일기를 읽어주는 것이 아니라 학습자 대상어teacher talk의 대상으로 생각해 볼 수 있다. 학습자 대상어는 교사가 일방적으로 말하는 것이 아니라 학습자와 함께 이야기를 만들어가는 방식이 지향된다. 예를 들어 아래와 같은 흐름을 생각해 보자. (   ) 안은 교사가 말하면서 행하는 작업이다.

| 교사의 언어행동 | 학습자의 언어행동 |
| --- | --- |
| 미나미쵸 시장을 아는가? | 알고 있다 |
| (칠판에 지도를 그린다) | 거기/옆 |
| 자주 가는가? | 간다/가지 않는다 |
| 손님은 많이 있는가? | 그렇다/항상 많다 |
| 가게 주인은 어떤 인상인가? | 좋다/좋지 않다/보통/무섭다 |
| 야채는 싼가? | 싸다/비싸다 |
| 부추는 자주 사는가? | 산다/쌀 때 산다 |
| (그림을 그리며) | |
| 한 단에 얼마 정도인가? | 잘 모른다/알고 있다 |
| | 100엔/어제는 세 단에 100엔이었다 |

그렇습니다, 얼마 전에 A씨도 이 미나미쵸 시장에서 부추를 샀습니다. 세 단에 100엔이었습니다. (칠판에 세 단에 100엔이라는 것을 알 수 있도록 그림을 그린다) 그래서 500엔을 가게 주인에게 주고 400엔을 거슬러 받았습니다. (칠판에 그림으로 제시한다) 가게 주인이 부추를 봉지에 넣고 "자 여기요"라고 했습니다. (봉지 안에 두 단밖에 들어있지 않은 실물을 보이며) 봉지 안을 보고 A씨는 깜짝 놀랐습니다. 세 단이 아닙니다. 두 단 밖에 없습니다. 한 단 모자랍니다. (봉지 안에 두 단 밖에 들어있지 않다는 것을 보이며 말한다. 동시에 "두 단 밖에 없습니다"라고 칠판에 쓴다)

자, A씨가 어떻게 했다고 생각합니까? 이런, 화가 납니다. (여기에서는 질문만 던지고 학습자의 반응에 대해 특별히 언급하지 않은 채 곧 다음으로 진행한다) A씨는 어떻게 할지 생각했습니다. 가게에는 손님이 많이 있습니다. 무척 붐비고 있습니다. 가게 주인은 굉장히 바빠 보입니다. 그래서 A씨는 직접 부추 한 단을 집어 봉지에 넣었습니다. (실물을 보이며) ―이하 생략―

이러한 학습자 대상어가 끝난 시점에서 A씨의 일기를 배포하여, 앞서 들은 이야기를 이번에는 눈으로 읽고(묵독) 확인하는 작업을 한다.

학습자 대상어란 교사가 전하고 싶은 것이 있고 이를 확실히 전달하기 위해 학습자의 상황에 맞춰 의식적으로 고안해내서 말하는 방식이다. 위의 예에서 취해진 교사의 방책은, 우선 이 일기 내용의 무대인 시장에 초점을 두어 학습자와의 사이에 공통의 토대를 만들고(화제 공유), 그 이후에 본론으로 들어가는 것이다. 이는 다시 말해 전체에서 부분으로, 개략에서 세부로, 신변적인 경험에서 추상적인 것으로 전개하는 방식이다. 또한 실물을 사용함으로써 의미를 확실히 이해하게 하고 판서를 통해 눈으로 확인하는 작업도 이루어지고 있다.

여기에서 중요한 점은 학습자를 수동적이지 않게 하는 것, 즉 교사가 자신을 향해 말하고 있다는 의식을 유지하게끔 하는 것이다. 그리고 항상 교사가 말을 시작하고 말차례를 배분하며 말을 끝내는 식이 되지 않도록 하는 배려도 필요하다. 학습자가 새로운 화제를 도입하거나 학습자들 사이에서 이야기가 이어져 나가는 기회를 마련하는 것도 좋다.

학습자 대상어로 말할 때 학습자에게는 어떤 것이 요구되는가? 학습자는 교사가 자신에게 말하고 있다는 것을 인식하고 교사의 발화에 반응할 것이 요구된다. 그 반응에 의해 교사는 또 다시 자신의 말하는 방식을 조절한다. 학습자에게는 듣는 것뿐만 아니라 생각하거나 대답하는 것이 요구되며 교사와의 대화를 성립시키는 상대방의 역할을 하게 된다. 듣기/생각하기/대답하기/묻기의 네 가지를 동시에 수행하는 능동적인 활동이라고 할 수 있다.

〈hint〉탁구와 같은 활발한 상호작용을 위한 고안이 필요하다. 이 상호작용은 교사 대 학
습자에 국한되는 것이 아니라 학습자 간에도 유용하다.

주 : 본 절에서 예로 든 위의 활동은 1994년도 東京外国語大学 外国語学部 日本語
学科에서 필자 중 한 명이 담당한 일본어교육실습의 실습수업 중에 사용되었
던 것입니다. 이 실습은 이타바시구板橋区의 중국귀국자 모임中国帰国者の会
의 호의로 행해진 것으로, 이 모임이 상설된 이타바시 일본어교실板橋日本語教
室에서 중국 귀국자분들을 대상으로 한 것입니다. 처음이자 마지막 시도가 되
었습니다만, 많은 것을 배울 수 있었습니다. 참가해 주신 분들을 비롯해 관계
자 여러분들께 감사의 말씀을 드립니다.

## 5. 독해 중심의 활동 : '금주'

본 절에서는 産業能率短期大學(산업능률단기대학) 국제센터가 발행한 『日本語を楽しく読む本・中級(일본어를 즐겁게 읽는 책 중급)』에서 발췌한 부분을 사용하여 독해 중심의 활동에 대해 살펴본다. 교재의 저자는 [읽기란 읽는 사람이 자신의 지식과 상상력을 사용하여 텍스트에 쓰인 내용에 대한 이미지를 만드는 것]이라 하고, 이러한 관점에서 학습자를 지원하는 것이 교실에서의 독해 활동의 목적이라고 밝히고 있다.

### (1) 학습분석

다음의 텍스트는 『日本語を楽しく読む本・中級(일본어를 즐겁게 읽는 책 중급)』 중 「1. 禁酒(금주)」에서 발췌한 것으로, 이 텍스트를 사용하여 다음과 같은 구성의 활동이 상정되어 있다(p.9-16의 활동을 정리한 것).

## 禁酒

ある男が、バーのカウンターにすわった。はじめての男だった。
「何にしましょう」と、バーテンがたずねた。
「ウィスキー、水割りを2杯」
「お連れさまがいらっしゃるんですか」
「いや、ひとりだ」
「では、1杯目をお飲みになってから、すぐに2杯目をお作りしますよ」
「いや、同時に2杯ほしいんだ」
「それはまた、どうしてですか」
「先週、僕の親友が亡くなったんだが、彼が亡くなる前に約束してね」
「はあ」
「僕が飲みに行くときは、必ず、彼の分も注文して飲むということになったんだ。それで、その約束を実行しているってわけさ」
「それはそれは。では、2杯いっしょに、ご用意いたしましょう」
男は、それからもときどきそのバーに来るようになった。そして、そのたびに、2杯ずつ注文した。
ところが、ある日、男はカウンターにすわると、こう言った。
「水割りを1杯」
「あれ、お客さん、今日は2杯じゃないですか」
「うん、僕は禁酒することにしたんでね」

『月刊アサヒ』1989年6月号 朝日新聞社より

(水能短期大学　日本語教育研究室編『日本語を楽しく読む本・中級』p.10)

# 금주

어떤 남자가 바의 카운터에 앉았다. 처음 보는 남자였다.

"뭐 드릴까요?"라고 바텐더가 물었다.

"위스키, 미즈와리(물 탄 위스키) 두 잔."

"동행이 있으신가요?"

"아니, 혼자요."

"그럼 한 잔을 드시고 나서 바로 두 번째 잔을 만들지요."

"아니, 두 잔을 같이 주시오."

"왜 그러시죠?"

"지난 주 친한 친구가 죽었는데, 그 친구와 죽기 전에 약속을 했소."

"아ー예."

"술 마시러 갈 때는 꼭 그 친구 것도 주문해서 마시기로 했지.
 그래서 그 약속을 지키고 있는 거요"

"저런, 그럼 두 잔을 함께 준비하겠습니다."

남자는 그 후에도 가끔 그 바에 오곤 했다. 그리고 그때마다 두 잔씩
주문하였다.

그런데 어느 날 남자는 카운터에 앉더니 이렇게 말했다.

"미즈와리 한 잔."

"어, 손님, 오늘은 두 잔이 아닌가요?"

"음, 나는 금주하기로 해서 말이오."

『월간 아사히』1989년 6월호 아사히신문사 발간

(한국어역: 역자)

---

읽기 전의 준비 〈선행 과제〉

1. 한자 읽기에 관한 다지 선택
2. 바bar 안의 상황을 나타내는 단어의 선택 기입
3. 제목인 금주禁酒의 의미에 관한 다지 선택
4. 술의 이름을 가타카나로 기입
5. 핵심어인 미즈와리水割り의 의미
6. 레스토랑, 바 등에서 사용되는 인사말의 다지 선택

**독해 그 자체**

-읽기
본문의 순서를 뒤섞는다.

-상상
1. 등장인물에 대해 자유롭게 상상하여 소집단 내에서 서로의 생각을 나눈다.
2. 유사한 상상력을 사용해 답하는 문제를 각자 만들어 소집단 내에서 묻고
   답한다.

-다시 읽기
1. 내용에 관한 질문(다지 선택)
2. 표현에 관한 질문(다지 선택)

**마무리 〈후속 활동〉**

빈칸 채우기(텍스트 전체를 대상)

---

시간적으로는 60분 정도이나 각각의 활동은 상당히 속도감 있게 진행될 것이 기대된다. 이러한 활동을 통해 학습자가 어떤 학습을 수행할 것이 기대되는가 생각해 보자.

이 활동은 선행 과제, 독해 그 자체, 후속 활동으로 구성되어 있으므로 이 순서대로 살펴보도록 한다.

### 1) 선행 과제

선행 과제에는 여섯 가지의 과제가 포함되어 있어, 갑자기 텍스트를 읽는 것이 아니라 미리 상당한 준비를 한 후에 읽는 것이 중시되었음을 알 수 있다.

준비는 두 축을 중심으로 행해진다. 하나는 학습자가 지니고 있는 바 bar에 관한 스키마를 활성화하고 이를 이용해 읽는 것을 추구한다(하향식 과정의 추진). 다른 하나는 어휘와 문형에 관한 것이다(상향식 과정). 제2장의 독해 모형에서 언급한 것과 같이, 독해는 하향식과 상향식의 양 과정이 보완하는 형태로 진행된다고 하는 입장이다. 2번을 제외한 과제는 상향식을 지향하고 2번 과제만이 하향식을 의도한 것이다.

그러므로 학습자는 독해에 앞서 이제부터 읽을 텍스트에 관한 내용을 이해하는 데 필수적인 어휘나 표현을 학습하고 또한 바에 관한 스키마를 활성화하여 독해에 대비하고자 하는 것이다.


### 2) 독해 그 자체

위의 과정을 밟은 후에 비로소 실제의 독해(첫 번째 독해)에 들어간다. 읽는 사람은 제목이나 삽화가 실린 겉장에 표시된 지시[손님과 바텐더가 어떤 이야기를 하고 있는가, 우스운 이야기인데 어떤 부분이 재미있는가를 생각하면서 읽는다]에 따라 읽어 내려갈 것이 시사되어 있다. 이 지시에 의해 학습자에게 무엇을 위해 읽는지, 즉 읽는 목적이 주어진 것이다. 학습자는 [우스운 이야기라고 했으니 무언가가 재미있을 텐데 그게 뭘까?]라는 의문을 가지고, 그 의문을 해소하기 위해 읽게 된다.

독해란 텍스트에 원래부터 담겨있는 의미가 있다는 전제 하에 그 의미를 회복하는 것이 아니라 읽는 사람이 텍스트에 관여하는 과정을 통해 자기 나름의 의미를 만들어 가는 창조적인 활동이라는 입장에 서서, 한층 더 다양한 각도에서 학습자 개개인이 의미를 상상하고 그것을 친구와 나누고 협동하여 보다 풍성한 의미를 창조해 가는 것이 추구된다. 이것이 상상의 활동이다. 학습자는 일단 대충 읽은 후에 이러한 브레인스토밍brainstorming 활동을 행하고, 그 후 이번에는 내용이나 표현 형식을 상세히 묻는 문제에 답하기 위해 꼼꼼히 읽는다. 질문에 답하는 것이 끝나면 계속해서 다시 한번 상상력으로 답하는 질문에 대답함으로써 내용 해석을 보다 심화시킬 수 있는 것이다.

### 3) 후속 활동

이 활동 전체의 마무리로서 빈칸 채우기 과제(cloze법)를 실시한다. 여기에서 읽는 이는 의미에 중점을 둔 종합적인 능력을 평가받는다. 내용상의 연결이나 문형·어휘 등의 정보를 바탕으로 텍스트 내에 마련된 (   )에 가장 알맞은 문자를 넣어야 한다.

이러한 활동에 의해 상상력을 구사한 창조적 의미 해석의 중요성을 학습하게 될 것이다.

## (2) 학습디자인 – 어떠한 새로운 학습이 실현될 수 있는가?

위와 같은 활동은 소집단에서의 상호작용이 포함되어 있지 않고 혼자서 텍스트와 마주하며 의미를 해석해 가는 방식이다. 또한 하향식 과정을 촉진하기 위한 활동이라기보다는 상향식 과정에 중점을 두고 있다. 여기에서 하향식 과정을 촉진하고 소집단 활동을 축으로 한 독해를 추구하고자 했을 때, 전체적으로 어떻게 변하는지 보도록 하자.

_ 하향식 과정과 상호작용 촉진에 초점을 둔 학습디자인

## 1) 선행 과제

〈Ⅰ〉겉장 삽화의 다음과 같은 점에 주목하여 이것이 어떤 이야기인지 상상해 보자.

　제목 [금주禁酒]에 술酒이라는 글자가 들어있다.
　술잔을 부딪치고 있는 삽화.
　삽화 아래의 내용 설명 중 [한명의 손님과 바텐더가 대화를 나누고 있습니다] 부분.

〈Ⅱ〉삽화 아래의 내용 설명 중 [지금부터 읽는 것은 짧고 우스운 이야기입니다] 의 [짧고 우스운 이야기]라는 점에 주목하여 다음의 것을 생각해 보자.
　지금까지 자신이 들은 우스운 이야기 중에서 [재미있는] 부분은 이야기 전체의 어디쯤 나왔는가?

〈Ⅲ〉[금주]나 [금연] 혹은 [다이어트를 하는 사람]은 성공하기 위해 어떤 어려움을 감수하는가? 자신이나 주위에서 보고 들은 이야기를 소개해 보자.

〈Ⅳ〉금연이나 다이어트를 하는 사람은 그 어려움을 극복하기 위해 어떤 방법을 쓰는가? 금연의 경우는 어떤가? 특히 단번에 담배나 술, 과식을 끊지 못할 경우, 조금만 피우거나 마시거나 먹는 등 어떤 식의 눈물겨운 노력을 하는 것일까? 〈Ⅲ〉와 마찬가지로 지금까지 보고 들은 것을 소개해 보자.

선행 과제로 〈Ⅰ〉~〈Ⅳ〉의 네 과제를 설정해 보자. 〈Ⅰ〉에서는 제목, 삽화, 내용의 간략한 소개 등을 단서로 [바bar, 음주]에 관한 스키마를 발동시키고자 한다. 말하자면 이야기의 배경에 관한 스키마의 활성화라고 할 수 있다.

〈Ⅱ〉에서는 내용 소개를 단서로 [우스운 이야기]의 텍스트 전개 구조에 관한 스키마를 활성화 하고자 한다. 라쿠고落語와 같은 긴 이야기를

포함해 우스운 이야기는 대개 마지막 부분에 소위 오치落ち(끝마무리의 우스갯소리)라는 반전이 있다. 이것이 우스운 이야기라는 텍스트 타입의 스키마이다. 이것을 활성화함으로써 읽는 사람은 텍스트의 전개를 예측할 수 있다.

〈Ⅲ〉에서는 〈Ⅰ〉, 〈Ⅱ〉에서 활성화한 내용과 텍스트 구조에 관한 스키마를 토대로 진일보한 스키마를 끌어내고자 한다. 좋아하는 것, 먹고 싶은 것, 마시고 싶은 것을 참기 위해 어떤 수고나 고심을 하는지 자타의 경험이나 들은 것을 생각해내 말함으로써 수행된다.

〈Ⅳ〉는 [금주] 이야기의 [오치落ち]로 이어지는 핵심적인 스키마의 활성화이다. 어떻게든 목적을 달성하려는 눈물겨운 노력이나 대책에 관한 자타의 경험을 소개하는 것은, [손님]이 [오치]에 이르는 활동을 이해하기 위한 중요한 스키마의 활성화이다.

〈Ⅰ〉에서 〈Ⅳ〉까지의 각 과제를 선택적으로 행할 수도 있다. 원문의 [금주]를 교재로 사용할 경우, 지금까지 행해져 온 실제 교실 활동에서는 보통 일본인이 이해하는 것과 같은 [오치]의 이해 방식과는 상이한 이해가 다른 문화나 다른 경험을 가진 학습자에 의해 나타날 수 있다. 예를 들어 끝부분에 한잔밖에 주문하지 않은 것은 구두쇠이기 때문으로 그런 사람을 비꼬는 우스운 이야기라고 생각할 수도 있다. 또한 술을 마시지 않는 사람이나 익숙하지 않은 사람은 다른 식으로 이해하기도 한다. 그 어떤 경우에서도 이 문장은 재미있게 받아들여진다. 그만큼 이 텍스트는 내막이 깊다고 할 수 있다. 내막의 깊이를 살려 읽는 사람의 개성에 맞는 [그 사람 나름의 읽기], [그 사람 나름의 이미지 만들기]를 적극적으로 추진하고자 한다면, [어떤 스키마를 활성화시킬지 각자에게 맡기는] 것도 가능하다. 가령 〈Ⅰ〉~〈Ⅳ〉의 스키마 중 〈Ⅲ〉과 〈Ⅳ〉는 하지 않고, 〈Ⅰ〉과 〈Ⅱ〉의 개략적인 스키마 다음에 각자가 지닌 문화나 술과의 거리에 따라 자기 나름의 스키마 선택을 허용하는 식의 과제 전개도 있을 수 있다. 과제 선택에 있어, 학습자에게 [자기 방식대로 읽는 것을 가능한 한 많이 즐기고 싶은 사람은 〈Ⅰ〉과 〈Ⅱ〉만 하고, 또 다른 식의 읽기 방식도 있으므로 이를 경험해 보고 싶은 사람은 〈Ⅲ〉과 〈Ⅳ〉까지 할 수 있다], 혹은 [자기 방식대로 읽는 것을 〈Ⅰ〉과 〈Ⅱ〉에서만 해 본 후, 자신과는 다른 읽기 방식을 경험해 보고 싶으면 〈Ⅲ〉과 〈Ⅳ〉까지 넣어 다시 한번 읽을 수 있다]와 같은 제시도 가능하다.

〈Ⅰ〉~〈Ⅳ〉의 과제는 모두 짝끼리의 대화를 기본으로 한다. 〈Ⅰ〉, 〈Ⅱ〉, 〈Ⅲ〉, 〈Ⅳ〉의 순서로 행하는데 중간 중간 교사가 간결하게 정리하면서 다음과 같이 진행하도록 한다. 〈Ⅲ〉과 〈Ⅳ〉에서는 다양한 가능성을 상상하는 기회로 할 뿐 내용적인 간섭은 그다지 하지 않는다. 읽는 즐거움(필연성)을 잃게 될 수 있기 때문이다.

이상의 선행 과제에서는 내용 스키마와 텍스트의 구성 스키마를 활성화하는 것이 목표가 된다. 그리고 바bar 등을 구체적으로 화제에 올림으로써 텍스트에 나오는 어휘에 익숙해지게 하고, 아울러 [오치]의 등장은 [텍스트의 전개를 예측하는 것]이 읽기 전략으로서 중요하다는 것을 경험케 하는 것을 목표로 한 것이다.

## 2) 독해 그 자체

이하 〈I〉~〈III〉의 세 과제로 이루어져 있다.

---

**〈I〉아래의 a나 b 중 하나를 택해 행하시오. (개별 활동)**

a. 다음의 텍스트는 도중부터 대화의 순서가 뒤바뀌어 있습니다. 바른 순서로
   고치시오.

**금주**

어떤 남자가 바의 카운터에 앉았다. 처음 보는 남자였다.

"뭐 드릴까요?"라고 바텐더가 물었다.

"위스키, 미즈와리(물 탄 위스키) 두 잔."

"동행이 있으신가요?"

"아니, 혼자요."

"그럼 한 잔을 드시고 나서 바로 두 번째 잔을 만들지요."

"아니, 두 잔을 같이 주시오."

"왜 그러시죠?"

① "저런, 그럼 두 잔을 함께 준비하겠습니다."
   남자는 그 후에도 가끔 그 바에 오곤 했다. 그리고 그때마다 두 잔씩 주문하였
   다.

② "어, 손님, 오늘은 두 잔이 아닌가요?"
   "음, 나는 금주하기로 해서 말이오."

③ 그런데 어느 날 남자는 카운터에 앉더니 이렇게 말했다.
   "미즈와리 한 잔."

④ "지난 주 친한 친구가 죽었는데, 그 친구와 죽기 전에 약속을 했소."
   "아ー예."
   "술 마시러 갈 때는 꼭 그 친구 것도 주문해서 마시기로 했지.
   그래서 그 약속을 지키고 있는거요."

b. 이 문장 중에서 한 사람이 "음, 나는 금주하기로 해서 말이오."라고 했습니다.
   이에 관해 텍스트를 읽고 다음 질문에 답하시오.

   (1) "나"는 누구를 칭하는 것입니까?

---

(2) "나"는 실은 무엇을 말하고 싶었던 것이었는지, 다음 중에서 선택하시오.
정답을 고르는 것이 아니라, 어느 것이 자신의 이미지에 가까운지 생각해
서 선택하시오.
① 이 한잔은 내 것이 아니라 죽은 친구 것이다.
② 나는 술을 끊었기 때문에 두 잔이나 마실 수는 없지만, 참을 수 없어 한
잔은 마신다.
③ 나의 본심은 오늘도 두 잔을 마시고 싶지만 돈을 아끼려고 한 잔만 마
신다.

〈Ⅱ〉대화문에 대해, 누가 누구에게 말한 것인지 명시하시오. (짝 활동)
〈예〉 "뭐 드릴까요?"
답 : 바텐더가 손님에게

〈Ⅲ〉아래의 본문 중에서 ○표시가 된 대화에 대해, 왜 그렇게 말했는지 생
각하면서 화자의 마음 속 목소리를 상상해 쓰시오. (짝 활동)

〈예〉 "위스키, 미즈와리(물 탄 위스키) 두 잔."
손님의 마음 속 목소리 : 나 혼자인데 두 잔 주문하면 바텐더가 [어째서
두 잔일까?]라고 생각하겠지.

1 어떤 남자가 바의 카운터에 앉았다. 처음 보는 남자였다.
 "뭐 드릴까요?"라고 바텐더가 물었다.
○"위스키, 미즈와리(물 탄 위스키) 두 잔."
 "동행이 있으신가요?"
5 "아니, 혼자요."
 "그럼 한 잔을 드시고 나서 바로 두 번째 잔을 만들지요."
 "아니, 두 잔을 같이 주시오."
 "왜 그러시죠?"
 "지난 주 친한 친구가 죽었는데, 그 친구와 죽기 전에 약속을 했소."
10 "아―예."
 "술 마시러 갈 때는 꼭 그 친구 것도 주문해서 마시기로 했지. 그래서 그 약속
을 지키고 있는 거요."

○ "저런, 그럼 두 잔을 함께 준비하겠습니다."
 남자는 그 후에도 가끔 그 바에 오곤 했다. 그리고 그때마다 두 잔씩 주문하였다.
15 그런데 어느 날 남자는 카운터에 앉더니 이렇게 말했다.
○ "미즈와리 한 잔."
 "어, 손님, 오늘은 두 잔이 아닌가요?"
○ "음, 나는 금주하기로 해서 말이오."

〈Ⅰ〉에서는 순서가 뒤바뀐 대화를 원래대로 회복하는 과제 a와, 화자가 진정으로 말하고 싶은 것을 주어진 선택지 중에서 택하는 과제 b가 주어지고 학습자에게 자유롭게 선택하도록 되어 있다.

이러한 자유 선택은 선행 과제에서의 선택과 마찬가지로, 학습자가 선택권을 행사함으로써 자신이 어떤 학습을 하고 싶은가 또는 어떤 학습이 자신에게 필요한가를 생각하여 교사로부터 자립해가는 기반을 마련하고자 하는 것이다.

a, b 공히 텍스트 전체를 한번에 읽는 방식을 유도하고 있다. 즉 a의 대화 순서를 회복하는 과제는 세부에 구애되어 전체적인 맥락을 파악하지 못하면 성공하기 어렵다. 주요 내용과 부차적 내용을 나누어 읽는 것이 중요하다. 이 점을 중시하여 과제는 구획한 부분들의 순서를 회복할 수 있을 정도로 나뉘어져 있다. 이는 전체적인 맥락을 파악하는 데 주안점을 두고, 줄거리가 이러저러하다는 자기 나름의 가설을 단편 중의 핵심어를 골라 가면서 검증해 가는 경험을 가능케 하는 장을 제공한다. b는 이야기의 제목인 [금주]가 지니는 의미를 읽는 사람 나름대로 선택해서 읽게 하는 계기를 제공하기 위한 것이다. 전술한 바와 같이 이 텍스트의 [내막의 깊이]에 맞춰 읽는 기회를 제공하는 것을 목표로 한다.

〈Ⅱ〉는 대화문을 대상으로 누가 누구에게 말한 것인가를 밝히는 과제이다. 〈Ⅰ〉에서 한번 훑어 읽은 후, 이번에는 대화문을 대상으로 의미를 명확히 하기 위해 간단하면서도 중요한 대화의 당사자를 밝히려는 것이다.

〈Ⅲ〉은 대화하는 화자의 심중의 목소리를 상상해 보는 과제이다. 여기에서는 화자의 심정을 헤아리기 위해 보다 꼼꼼히 읽게 된다.

〈Ⅰ〉, 〈Ⅱ〉, 〈Ⅲ〉을 통해 읽는 사람에게 전체를 훑어 읽는 경험과 세부에 걸쳐 음미하는 두 가지 경험의 장이 제공된다. 〈Ⅰ〉에서는 우스운 이야기라는 점, 무언가 재미있는 [오치]가 있을 것이라는 선에서 읽어 가는 방식을 학습자에게 요구하고 있다. 〈Ⅱ〉에서는 이야기를 재구성하기 위해, 〈Ⅲ〉에서는 화자의 심리를 상세히 분석하기 위해 읽는다. 상이한 각도에서 동일한 텍스트를 재차 읽게 한다는 점이 중요하다. 여러 번 읽음으로써 보다 풍성하고 깊은 의미를 창조하며 음미하고자 하는 것이다.

또 하나 주목해야 할 것은 〈Ⅱ〉와 〈Ⅲ〉의 과제가 짝 활동이라는 것이다. 이것은 읽는 사람과 텍스트 사이뿐만 아니라, 읽는 사람들 사이에서도 상호교류를 통해 한층 폭넓고 풍성한 감각을 창출해가는 것을 목표로 하는 것이다.

## 3) 후속 활동

활동의 마무리로써 다음의 네 가지 활동과 자기 평가를 한다.

〈Ⅰ〉역할극(손님, 바텐더)
　　텍스트가 끝나는 곳부터 시작하시오.

〈Ⅱ〉텍스트의 대화 부분을 다음의 조건에 맞춰 재작성하시오.
　　장소 : 레스토랑
　　손님 : 살을 빼고자 하는 중년의 남성
　　바텐더 : 젊은 웨이터
　　술 : 자신이 만든 요리

〈Ⅲ〉이 이야기에서 재미있었던 곳이 어디였는지 서로 보고하시오. 우선 짝
　　끼리 한 후 그 내용을 전체에게 발표하시오.

〈Ⅳ〉자신이 가장 좋아하는 우스운 이야기를 말해보시오.
　　(우선 짝끼리, 그 후 전체에게)

〈Ⅴ〉이 활동을 마치고 자기 평가를 하시오.(한 명씩)
　　무엇을 (우스운 이야기를)
　　무엇을 위해 ([오치]를 알기 위해)
　　어떻게 (모르는 단어나 문형 등에 구애받지 않고)
　　위의 세 가지에 유의하면서 읽었는지 5단계로 평가하시오.

　　후속 활동에서는 선행 활동을 마무리함과 동시에 다른 활동으로 이어가는 식으로 되어 있다. 위의 후속 활동에서 보면 〈Ⅰ〉, 〈Ⅲ〉, 〈Ⅳ〉는 말하기로, 〈Ⅱ〉는 쓰기로 확대해 갈 수 있다. 〈Ⅴ〉에서는 읽기 방식의 자기 점검을 목표로 한다. 즉 문형이나 어휘를 알면 자동적으로 읽을 수 있게 되는 것이 아니라, 읽기 방식도 별도로 배워갈 필요성이 있다는 것을 앎과 동시에 다양

한 읽기 방식에 접하면서 자신의 것으로 만들어 가는 학습이 시도되고 있다.

특히 〈Ⅲ〉의 경우, 동일한 텍스트를 사람에 따라 달리 읽을 수 있다고 하는 체험을 하게 한다. 선행 과제 〈Ⅲ〉과 〈Ⅳ〉의 선택적 실시 부분에서도 언급했다시피, 이 이야기는 내막이 깊은 우스운 이야기로 여러 해석이 가능한 재미있는 이야기이다. 보통 시험에서 묻는 것과 같은 [단 하나의 올바른 해석이 있다. 그것은 무엇인가?]에 답하기 위한 독해가 아니라, 제각기 다른 이미지를 만들어가는 읽기를 지향하면서 읽어 가는 중에 읽는 힘을 키워갈 수 있다는 것을 몸소 체득할 수 있다. 이는 자신이 지닌 스키마를 활성화하여 하향식 과정을 촉진하는 기반을 제공한다.

더불어 〈Ⅲ〉과 〈Ⅳ〉는 읽는 사람 고유의 문화를 표현하는 기회를 갖게 하고자 한 것이다. [일본어 소재를 사용하여 일본어를 공부하는 것이므로 일본적인 읽기 연습을 지향한다]만으로 독해 활동을 제한할 필요는 없다. 자신에게 있어 제2언어인 일본어를 통해 자신의 문화를 표현하고 타인에게 전하며 또한 타인의 문화를 상대적으로 보는 경험은 일본어가 많은 문화를 교류케 하는 국제어로서, 그리고 많은 문화가 공생하기 위한 수단 언어, 즉 공생 언어로 태어나게 하기 위한 귀중한 장이기도 하다. 이러한 과제 하나하나의 축적이, 일본어를 통해 각각의 문화가 지닌 다채롭고 풍성하게 펼쳐진 세계를 느낄 수 있게 한다고 해도 과언이 아니다.

> **과제** ▌ 독해에 있어 텍스트 중에 모르는 말이 있으면 그것에 너무 신경을 쓴 나머지 도중에 멈춰 전체의 의미를 파악할 수 있을 만큼 읽어나가지 못하는 학습자가 있다. 이러한 학습자의 태도는 어떤 면에서 교실에서의 일본어 학습 방식(특히 독해)에 따라 더욱 강화되기도 한다. 그것은 구체적으로 어떠한 읽기 방식이 도입되었을 경우 나타난다고 생각하는가? 자신의 영어 학습 경험을 되살려 생각해 보자.

## 6. 어휘학습 중심의 활동 : '재미있는 사람들'

본 절의 활동은 학습자 중심의 의사소통을 표방하는 영어 교과서 ATLAS
에서 발췌한 것으로, 4과(4. interesting people)의 도입 부분warm-up이다.
　새로운 과의 도입을 어휘학습으로 행하는 것은 일반적인 방식이며, 일
본어 학습에서도 널리 사용되는 것으로 별반 새롭지 않은 것이다. 이 활
동이 주목 받는 것은 어휘학습의 방식에 있다.

> **과제** ▌ 어휘능력은 학습 목표가 의사소통능력의 양성을 추구할 때 더욱
> 중요해진다. 의사소통에 있어 어휘가 무엇보다도 중요하기 때문
> 이다. 어떻게 하면 능률적으로 어휘를 늘릴 수 있을까? 몇 번씩
> 쓰거나 말하는 방법이나 단어 테스트 이외에 어떤 방법이 있을
> 까?

어휘는 동일 어휘에 수차례 접함으로써 차차 자신의 것으로 만들어진
다. 즉 식별할 수 있는 어휘에서 이해할 수 있는 어휘로, 이해할 수 있는
어휘에서 사용할 수 있는 어휘로, 사용할 수 있는 어휘에서 완벽히 구사
할 수 있는 어휘로 변화하는 것이다. 이처럼 [동일 어휘에 수차례 접하는]
경우 그저 기계적으로 접하는(가령 암기하기 위해 손이 아플 정도로 쓴다) 것
은 그다지 효율적이라고 볼 수 없으며, 의미 있는 작업을 하는 중에 접해
야 한다. 이런 관점에서 ATLAS에서 전개하고 있는 어휘학습을 검토해 보
자.
　도입 부분은 다음과 같은 네 가지 과제로 구성되어 있다.

Picture 1    Picture 2    picture 3

1. Do you know these words to describe things? Circle the words you do not
   know and discuss them with your teacher.

| strange | good-looking | beautiful | cute | good | old |
|---------|--------------|-----------|------|------|-----|
| funny | interesting | unusual | kind | silly | sad |
| young | handsome | energetic | ugly | lonely | evil |
| boring | intelligent | exciting | stupid | happy | |

2. Pair Work Classify the words above into three groups : positive words,
   negative words, and neutral words.

| positive | negative | neutral |
|----------|----------|---------|
| good | boring | unusual |

3. Find two words to describe each of the picture above.

Picture 1 ________________     Picture 2 ________________     Picture 3 ________________

________________               ________________               ________________

4. Group Work Pick three words to describe yourself and the other students
   in the group. Share these words with the rest of the class.

(David Nunan, *ATLAS2 Teacher's Extended Edition,* Heinle & Heinle p.33)

## (1) 학습분석

과제1에서는 학습자가 주어진 어휘 목록(23단어)을 보고 자신이 알고 있는 것과 모르는 것을 나누는 작업을 한다. 이것이 끝나면 모르는 것에 대해서 짝에게 묻는다. 시간은 몇 분간으로 제한된다. 다시 말해 그다지 시간을 들이지 않고 비교적 간결하게 어휘 목록의 어휘를 아는지 모르는지 분류하고, 모르는 것은 짝에게 물어 문맥을 고려하지 않은 어휘 차원의 의미를 알게 하는 것이 목표이다.

과제2에서는 처음부터 학습자끼리 짝을 지어 과제1에서 한 어휘 분류를 다시 행한다. 분류 기준은 그 어휘가 일반적으로 어떤 뉘앙스를 가진다고 생각하는지-부정적·긍정적·중립적-이다. 특정 어휘에 대해 사람들이 가지는 어감은 어느 정도 차이가 있으므로 짝과 의견이 대립될 수도 있다. 이는 어휘 차원에서 파악한 의미를 좀 더 확장시키고자 하는 것이다.

과제3에서도 학습자끼리 짝을 지어 주어진 세 그림을 묘사하는 데 가장 적절한 어휘를 과제1의 어휘에서 두 개씩 뽑아낸다. 그리고 추출한 어휘를 사용해 교대로 그림을 묘사한다. 즉 여기에서는 어휘를 문장 내에서 사용함으로써 어휘 차원을 넘어 문맥 중의 의미를 파악하고자 하는 것이다.

과제4에서는 각 학습자가 우선 자기 자신을 가장 잘 나타낸다고 생각하는 어휘를 과제1의 어휘에서 세 개씩 선택하여 소집단이나 전체에게 보고한다. 어휘를 자유자재로 사용할 수 있게 되는 것을 의도하는 것이다.

이상의 네 과제는 다음과 같은 특징을 가진다. 첫째, 우선 사전적 의미를 확인하고(과제1), 다음으로 문맥 안에 넣어 의미를 보다 구체적인 것으로 좁혀가는(과제2, 3, 4) 흐름을 이루고 있다. 이는 어휘의 의미를 일단 사전과 같이 눈에 보이는 형태로 확인하지 않으면 안심하지 못하는 타입의 학습자에게 적합하다고 할 수 있다.

둘째, 학습자가 동일 어휘(23단어)를 네 가지 상이한 문맥에서 접하고 있다는 것이다. 기계적으로 수차례 같은 어휘를 쓰거나 말하는 것이 아니라, 분류하거나(과제2) 주어진 그림이나 자신이나 친구를 묘사하는 데 적당한 어휘를 선택하는(과제3, 4) 등 그 자체로서도 의미 있고 목적이 있는 작업을 하는 중에 결과적으로 같은 어휘에 수차례 접하고 있다는 점에 주목할 수 있다.

셋째, 과제1의 작업은 언뜻 보면 일반적으로 행해지는 어휘학습과 유사하게 보이나 자세히 보면 근본적인 차이가 있다. 우선 어휘 목록에 있는 어휘의 선정 기준이다. 일반적으로는 신출어휘가 그 대상이 되고, 아는지 모르는지는 학습자에 의해 정해지는 것이 아니라 교과서나 교사에 의해 정해져 [이것은 신출어휘이므로 암기하시오]라는 식이다. 어휘가 한 번 교과서에 나와 학습된다고 해서 그것이 전부 이해되고 암기되는 것은 아니다. 암기되는 것도 있고 잊혀지는 것도 있다. 즉 교과서에서는 아는 것이라고 규정된 것이라 할지라도 어떤 학습자는 모를 수도 있다. 한편 학습자에 따라서는 교과서 이외에서 어휘를 획득한 경우도 있으며, 그럴 경우 교과서에서는 신출이라 할지라도 그 학습자에게는 신출이 아니다. 따라서 학습자에 따라 제각기 다르다는 사태에 어떻게 대응할 것인가는 특히 일본 국내에서 배우는 학습자를 대상으로 하는 경우에는 중대한 사안이 된다. ATLAS에서는 아는지 모르는지를 학습자에게 판단하도록 한다(과제1). 즉 학습자는 한 어휘를 두고 이것이 자신에게 있어 이미 익숙한 것인지 아닌지 스스로 판단해 결정할 수 있는 것이다. 다시 말해 적어도 어휘학습의 방식은 학습자 개개인의 독자적인 것, 즉 개별적인 작업이라는 것을 인정하고 아울러 어휘학습의 조절권을 학습자에게 맡기고 있는 것이다. 또한 과제1에서 다루는 23단어라는 많은 어휘량과 단 몇 분밖에 주어지지 않는 짧은 시간을 생각하면, 여기에서 어떻게든 전부를 암기하도록 하는 식의 어휘학습이 지향되고 있지 않다는 것을 알 수 있다.

> **과제 ■** 이상 본문에서 언급한 것을 포함해, ATLAS에서 채용하고 있는 어휘학습의 특징을 모아 정리해 보자.

> **과제 ■** 종래의 어휘학습법(1. 신출어휘와 모어로 번역한 것을 함께 배포한다. 2. 이에 대해 각자 학습케 한다. 3. 소테스트를 실시한다.)과 본문에서 소개한 어휘학습법을 구체적인 효과라는 점에서 실증적으로 비교하기 위해서는 어떠한 방법이 있을 수 있는가?

〈hint〉 클래스의 학습자를 두 집단으로 나눈다. 어떤 과의 어휘를 도입함에 있어서 한 집단에서는 종래의 지도법으로 행하고(교사가 설명한 후 암기하는 시간을 주고 테스트를 행한다), 다른 집단에서는 위와 같은 지도법으로 행한다. 그리고 지도 전과 지도 후의 신장 정도를 비교해본다. 이를 간단히 시간적 흐름에 따라 나타내면 다음과 같다.
1. 도입 어휘의 테스트
2. 집단 A             집단 B
   지도법 A(종래형)    지도법 B(ATLAS형)
3. 도입 어휘의 테스트

2회의 어휘 테스트는 동일한 것을 사용해도 무방하다. 지도 시간은 두 집단에게 동일하게 한다. 집단을 바꾸어 다른 과의 어휘를 대상으로 수차례 반복하면 안정된 결과를 얻을 수 있다. 두 집단으로 나누어 행하는 것이 어려운 경우에는, 한 과는 지도법 A로 하고 다음 과는 지도법 B로 하는 식으로 수차례 반복해 결과를 비교할 수도 있다. 그리고 지도 후의 신장 정도를 알아보는 어휘 테스트는 지도한 직후뿐만 아니라 2주 후 혹은 1개월 후의 정착도를 보는 것도 좋다.

## (2) 학습디자인—어떠한 새로운 학습이 실현될 수 있는가?

### _ 학습자의 모어 이용에 초점을 둔 학습디자인

위에서 소개한 ATLAS의 과제는 학습자의 모어를 사용할 수 없다는 전제 하에 만들어진 것이다. 또한 각 과제의 목적을 더욱 상세히 규정하거나 혹은 [경쟁]하는 것도 가능하다. 여기에서는 학습자의 모어를 적극적으로 이용하고, 아울러 상세한 목적을 부여하는 새로운 디자인을 시도하기로 한다. 단, ATLAS가 전제로 하는 다음과 같은 어휘학습상의 원칙에 대해서는 그대로 따른다.

① 사전적 의미에서 문맥적 의미의 확인이라는 흐름을 거친다.

② 특정 어휘에 대해 아는지 모르는지에 관해서는 학습자 개개인이 정하도록 한다.

③ 외우고 나서 사용하는 것이 아니라 사용하면서 결과적으로 외워지는 것은 외우고 그렇지 않은 것은 다음 기회를 기다린다.

④ 동일 어휘를 대상으로 몇 가지 상이한 과제를 설정한다.

과제1 : (개인 학습) 주어진 어휘 목록(상기 과제1과 동일한 목록)을 일람하고 자신에게 있어 의미 불명인 것과 의미 명료한 것을 분류한다. 그런 후 모르는 것에 관해서는 개인적으로 교사에게 묻는다. 교사는 질문 받은 것에 대해 모어로 간단히 번역해 준다.

과제2 : (짝 학습) 어휘를 긍정적·중립적·부정적인 것으로 나눌 경우 각각의 어휘가 어디에 속할지 분류한다. 단 자신들의 모어와 비교해 어떤지(같은지 다른지)를 밝힌다는 목적 하에 행한다. 따라서 여기에서의 짝 구성은 가능한 한 모어를 공유하는 사람으로 한다.

과제3 : (개인 학습→짝 학습) 우선 각 개인이 세 그림을 묘사하는 데 적당한 어휘를 과제1의 어휘 목록에서 두 개씩 선택하여, 이들을 사용해 그림을 한 장씩 묘사하는 문장을 생각한다. 그 후 짝과 함께 서로 구두로 묘사하고 그 결과를 평가한다. 평가 시의 언어는 모어로 한다.

과제4 : (소집단→개인→소집단→전체) 소집단의 한명 한명을 가장 잘 나타낸다고 생각하는 어휘를 과제1의 어휘 목록에서 세 개씩 택한다. 다음에 한 명씩 담당을 정해 그 세 어휘를 사용해서 자신이 담당한 사람에 대해 묘사하는 문장을 생각한다. 소집단 내에서 발표하고 그중에서 가장 적절하게 묘사한 것 두 가지를 고른다. 끝으로 전체에 대해, 각 소집단을 대표하여 앞의 두 사람에 대해 묘사하고 묘사된 인물이 누구인가를 맞추게 한다. 많이 맞춘 소집단의 승리로 한다.

**과제 ▌** 이 새로운 디자인에 의해 학습자의 학습에는 어떠한 변화가 있을까?

〈hint〉

과제1 : ATLAS에서는 모르는 어휘에 대해 친구에게 묻도록 되어 있는데, 그렇게 하면 학습자가 비슷한 수준일 경우 모르는 어휘가 그대로 모르는 상태로 될 가능성이 있다. 따라서 학습자의 일본어 어휘력에 그다지 차이가 없이 비슷한 수준일 경우는 교사에게 개인적으로 묻게 하거나 사전을 찾게 하는 것도 어휘학습의 출발점으로서 의미가 있다고 여겨진다.

과제2 : 학습자의 모어가 공통인 교실에서는 모어와 비교함으로써 지적 도전의 가능성을 넓힐 수 있다.

과제3 : 친구가 쓴 그림의 묘사문에 대해 모어로 서로 평가하게 되면 묘사문의 해석에 깊이가 생겨 의사소통의 질이 향상된다.

과제4 : 친구에 관해 묘사한 문장을 들으면서 그것이 누구인지를 소집단별로 맞추게 하면 의사소통의 질이 향상될(진정한 의미의 의사소통이 된다는 의미로) 뿐만 아니라, 경쟁을 통해 활동에 대한 흥미를 지속시킬 수 있다.

## 7. 한자학습 중심의 활동 : '파트너 찾기'

본 절에서 소개하는 활동은 의사소통 중심 접근법에서 권장되는 과제
활동의 한 형식이다.

### 파트너 찾기

차이 : 공유되지 않은 정보로 인한 정보 차
목적 : 자신과 같은 물건을 가지고 있는 사람을 찾는다.
방식 : 비슷한 방의 그림(같은 그림도 복수 포함)을 카드에 그린다. 한 장을 교사
가 뽑고 나머지는 학습자에게 나누어 준다. 그 후에는 난이도에 따라
아래와 같은 두 단계의 활동을 행한다.

〈Ⅰ〉교사가 자신의 그림을 보면서 설명한다. 학습자는 그 설명을 듣다가 자신
이 교사와 같은 그림을 가지고 있다고 생각한 시점에 손을 든다. 손을 든
학습자에 대해 이번에는 교사가 정말 같은 그림인지 아닌지를 확인하기 위
한 질문을 한다. 같은 그림인 것이 판명되면 종료된다. 만약 다른 그림이라
면 같은 그림이 발견될 때까지 계속한다.
예를 들어, 교사가 뽑은 그림에는 테이블 위에 컵 한 개와 접시 한 장이 있
고, 테이블 아래에는 고양이가 자고 있으며, 테이블 옆에는 의자가 세 개
있고, 그 의자에 외투가 걸쳐져 있다고 해보자. 교사는 자신의 그림을 보면
서 "방 한가운데 커다란 테이블이 있습니다. 그 위에 예쁜 컵이 있습니다."
여기까지 들은 단계에서 한 학습자가 손을 들었다고 해보자. 그러면 다음
과 같은 상황이 전개될 것이다.

(일본어 원문)

教師 : XXさんは私と同じ絵を持っていると思っているんですね。
　　　　じゃ、テーブルの上にはコップの他に皿もありますか。
XX : はい、あります。
教師 : その皿は一枚ですね。
XX : いいえ、二枚です。

教師：私の絵には皿は一枚しかありませんから、同じ絵じゃありませんね。じゃ、また私の絵の説明を続けますね。


(한국어역)

교사 : ××씨는 나와 같은 그림을 가지고 있다고 생각하지요? 그럼 테이블 위에는 컵 외에 접시도 있어요?
×× : 네, 있습니다.
교사 : 그 접시는 한 장이죠?
×× : 아니요, 두 장입니다.
교사 : 내 그림에는 접시가 한 장밖에 없으니까 같은 그림이 아니네요. 자 그럼 그림 설명을 계속하겠습니다.

이상에서 알 수 있듯이 그림에 현저한 상이점이 있을 경우에는 처음부터 자신의 그림은 다르다는 것을 알고 활동에 참가하지 않는 학습자가 발생하게 되므로 대략적인 것은 같게 하고 세세한 부분을 다르게 한다.

〈II〉짝을 지어 팀 간의 경쟁으로 한다. 짝의 한 명이 다른 한 명에게 자신이 가진 그림에 대해 설명한다. 설명 도중에 활동을 신속히 진행시키기 위해 설명을 듣던 사람이 "이런가, 저런가?" 등의 형식으로 질문을 한다. 자신들이 가지고 있는 그림이 같은지 다른지를 빨리 판명한 팀이 이기게 된다. 이 활동의 과정에서 서로가 가지고 있는 그림을 보여 주어서는 안 된다.

(岡崎敏雄・岡崎眸(1990)『日本語教育におけるコミュニカティブ・アプローチ』凡人社 pp.102-103)


위에서 예로 든 [비슷한 방의 그림] 안에 그려진 그림이 많은 정보를 포함한 복잡한 것이라면 중·상급의 활동으로 실시할 수도 있다. 초급용으로는 그림 속의 정보가 적은 단순한 것을 사용한다.

### (1) 학습분석

위의 활동에서는 활동 참가자 사이에서 [공유되지 않은 정보]를 서로 교환함으로써 자신이 가진 그림과 상대의 그림이 일치하는지 아닌지를 확인하기 위한 상호작용, 즉 말하기와 듣기의 활동이 조합되어 행해진다. 여기에서는 이미 학습한 어휘나 구문을 최대한 활용해 자신이 가지지 않은 정보를 상대로부터 끌어내고, 또 상대가 가지지 않은 정보를 주는 등 서로 협력하면서 활동을 진행한다.

〈Ⅰ〉[교사가 자신의 그림을 보면서…] 단계의 활동에서는 다음 단계인 〈Ⅱ〉[짝을 지어…]에서 학습자끼리의 활동을 하기 위한 시범을 보인다. 동시에 학습자들은 교사와의 사이에서 정보 차를 둘러싼 상호작용과, 일본어 모어화자와의 실제 의사소통과 같은 성격을 지닌 상호작용을 경험한다. 또한 자신이 가진 그림과 같은 그림을 상대가 가지고 있는지 확인하는 [과제]를 달성하는 중에 일본어를 학습하는 경험을 하게 된다. 여기에서는 교사의 「えーと(아-/어-)」「あのー(저-/그-)」와 같은 공백어(생각하면서 시간을 벌기 위한 담화표지)등, 모어화자 사이에서는 빈번히 사용되지만 교과서에는 거의 다루어지지 않던 것이 삽입된 말을 듣거나, 혹은 생각하는 도중에 「まてよ(잠깐/그러니까)」등의 담화표지를 사용하면서 상대방과의 상호작용에서 한발 물러서 혼잣말을 하고 다시 상대방과의 상호작용으로 돌아가는 패턴을 듣고 학습할 수도 있다. 이때 학습자 측에서 그림에 있기는 하나 일본어로 어떻게 말하는지 모르는 것이 있을 경우, [여자가 손에 들고 있는 것은 무엇입니까?]와 같이 모르는 단어를

묻는 방식을 배우는 기회가 될 수도 있다. 이는 [말하기와 듣기 활동 중의 어휘학습]이 된다.

〈Ⅱ〉[짝을 지어…] 단계의 활동에서는 교사와 학습자라는 한 팀만이 학습에 참여할 수 있는 〈Ⅰ〉과 달리 일제히 많은 팀이 활동에 참여할 수 있다.

그리고 〈Ⅰ〉활동에서 교사가 발단을 제공하는 담화teacher initiated discourse 중에 학습자가 일본어를 사용하는 식의 수동적인 일본어 사용이나 일본어 담화를 경험하는 데 비해, 〈Ⅱ〉활동에서는 학습자 자신이 말을 시작하는 담화learner initiated discourse를 충분히 경험할 수 있다. 교실에서 교사에 의해 시작되는 담화만을 경험하면서 일본어를 학습해 온 학습자는 실제 모어화자와의 담화에 있어서 학습자 측에서 말을 꺼내는 담화에 소극적이거나, 혹은 그러한 장이 주어지더라도 원활히 행하지 못한다. 〈Ⅱ〉타입의 담화 경험은 그를 위한 충분한 경험의 기회를 제공하게 된다. 또한 〈Ⅰ〉의 단계에서 교사가 사용한 공백어를 이번에는 학습자 자신이 사용하는 경험, 즉 두 사람의 상호작용이라는 담화 상황에서 한쪽이 그림에 집중해 생각하면서 중얼거리는 혼잣말의 담화 상황으로 바뀌고 다시 원래의 상호작용 상황으로 돌아오는 식의 담화를 경험하는 장이 제공된다.

> **과제** ■ 이상의 활동과, 바꾸어 말하기 등을 포함한 문형 연습pattern practice에 따라 「~はありますか(~은/는 있습니까?)」 구문을 연습하는 타입과 비교하여 어떤 점이 다른지 목록화 해보자.

## (2) 학습디자인 – 어떠한 새로운 학습이 실현될 수 있는가?

### 1) 말하기·듣기 활동에 한자학습 활동을 짜 넣은 학습디자인

이상에서 소개한 활동은 초급 단계부터 행할 수 있는 기본적인 형태이다. 과제 활동 중에서도 서로 맞춰보는matching 타입에 해당되는 가장 단순하고 기본적인 활동이라고 할 수 있다. 여기에서는 [파트너 찾기]와 같이 [상대를 찾는다]라는 과제를 위한 정보 차 활동의 예를 들었으나, 이보다 더 단순한 정보 차의 제반 활동—짝을 이룬 A와 B 중 한쪽이 일부의 정보가 누락된 세계 표준시, 마을 지도, 학습자의 방 그림 등을 가지고 있고, 다른 한쪽이 위와 동일한 세계 표준시, 마을 지도, 학습자의 방 그림에서 별도의 정보가 누락된 것을 가지고 있어 상호작용하면서 누락된 정보를 얻는 타입의 활동—이 있다. 이러한 정보 차 활동에 한자학습 활동을 짜 넣는다면 어떤 디자인이 가능할 것인가?

이러한 디자인은 다음과 같은 단계를 거친다.

〈제1단계〉 말하기·듣기 활동과 읽기 활동을 통합한다.
〈제2단계〉 1단계에서 행한 3기능 중, 읽기 중에 한자를 포함한 읽기 교재를 넣어 한자학습을 통합한다.

제1단계의 [말하기·듣기 활동과 읽기 활동의 통합]은 다음과 같은 것을 목적으로 한다.

- 읽기를 초급 전반부터 도입
- 듣기 중시 학습자耳型学習者와 보기 중시 학습자目型学習者 모두에 대한 대응
- 일본어 수행능력 양성과 문법적 정확성능력 양성의 각각을 필요로 하는 학습자 모두에 대한 대응

- 초급 전반부터 읽기 도입을 기초로 하면서 아울러 초급 전반부터 쓰기 도입을 가능케 하는 것
- 중·상급에 있어서의 구두능력의 비약적 향상을 가능케 하는 것

첫째, 일반적으로 초급에서의 본격적인 읽기 활동은 말하기와 듣기 활동을 일단 마친 후에 시작되므로, 통상적인 일본어 프로그램에서 확보할 수 있는 독해의 총 시간 수는 미미하다. 비한자권 출신으로 한자를 기초부터 학습해야 하는 학습자의 경우, 한자를 익히는 데 방대한 시간을 쓰게 되어 독해 고유의 전략 특히 하향식 전략에 익숙해질 시간을 갖지 못하고 유학 후에야 본격적인 읽기에 직면하게 된다. 한자권 학습자인 경우에도 활용형과의 연결이나 조사가 포함된 한자·히라가나가 혼재된 일본어 특유의 문장을 읽고 일본어 고유의 한자 읽기를 배우며 독해 전략을 익힐 수 있는 교과과정으로 되어 있지 않은 것이 대부분이다.

이와 같은 교과과정상의 제반 문제를 해결하는 출발점이 되는 디자인이 말하기와 읽기를 통합함으로써 초급 전반부터 읽기를 도입하는 것이다. 말하기와 듣기 활동을 반드시 읽기와 연계해서 초급부터 병행하여 시작한다면 모든 교과과정 기간이 말하기·듣기 그리고 읽기의 양쪽에 쓰일 수 있다.

둘째, 초급에서 말하기·듣기 기능에 집중된 제반 활동이 많이 도입될 경우, 말하거나 듣는 타입의 활동에 우수한 학습자耳型学習者는 숙달정도도 빠르고 학습 동기도 높게 유지될 것이다. 반면 문장을 보고 기억하거나 이해하는 것을 잘하는 학습자目型学習者일 경우, 말하기·듣기 중심의 활동을 따라가기 힘들고 자신감도 생기지 않게 된다.

초급 전반에 읽기를 도입하는 디자인을 통해, 보기를 중시하는 학습자에 대해 읽기를 축으로 말하기와 듣기능력을 발달시키는 기회를 확대할 수 있다. 또한 듣기를 중시하는 학습자에게는 보기를 중시하는 학습도 병

행해서 행하는 능력을 개발하는 장을 제공할 수 있다.

셋째, 초급에서 수행 중심의 제반 활동 특히 말하기·듣기 수행 중심으로 활동할 경우, 정확성도 함께 익히고자 하는 학습자는 어려움을 느낀다.

초기부터 읽기를 도입하여 읽기·듣기의 학습 내용을 문자로 나타낸 정확한 형태를 보고 이를 읽어 발화하는 경험을 가지게 함으로써, 문법적인 정확성도 아울러 획득될 수 있다.

넷째, 초기부터 읽기를 도입해서 말하기·듣기와 병행하여 진행함으로써, 말하기·듣기에서 행한 내용이 기재된 것을 읽고 이를 바탕으로 상호작용을 한 후 그 내용을 결론으로 쓰게 하는 등의 작업이 가능해지며, 이를 통해 빠른 시기부터 쓰기를 도입하는 것이 용이하게 된다. 일반적으로 쓰기능력은 4기능 중에서도 가장 늦으며 또한 교과과정상에서도 읽기 이상으로 충분한 시간을 확보하지 못한다. 들은 내용을 동시에 읽고 읽은 것을 쓸 수 있게 됨으로써 말하기·듣기에서 구사할 수 있는 어휘나 문형 그리고 내용까지 빠른 시기부터 쓸 수 있게 되어, 전 교과과정을 통해 장기간 말하거나 듣거나 읽은 내용을 쓸 수 있을 만큼의 쓰기능력을 양성할 수 있다.

다섯째, 읽기와 말하기·듣기와의 통합적 학습을 통해 중·상급에서 읽기를 통해 얻을 수 있는 추상적인 내용과 이에 걸맞는 구문이나 어휘를 말하기·듣기, 즉 담화에 사용할 기회가 대폭 확대되어 담화의 구성능력을 양성하는 기회가 확충된다. 이렇게 함으로써 통상 초·중급에서 고착 상태에 빠진 구두능력을 고도로 비약시키기 위한 교과과정상의 디자인이 가능하게 된다.

이상과 같이 읽기를 초급 전반부터 통합적으로 행함으로써, 한자학습을 초급 전반부터 도입해 초·중·상급을 통한 전 교과과정의 장기에 걸

친 한자학습을 양적으로 확보하는 기반이 마련된다. 또한 한자 하나하나
를 분리시켜 학습하는 개별적 한자학습만에 의존하는 것이 아니라, 3기
능(쓰기도 포함한 4기능)과 통합된 언어 제반 활동 내에 편성된 생생한 한
자학습을 할 수 있다.

구체적으로는 제1단계에 짜 넣은 읽기 중에 이른 단계부터 한자를 삽
입하고 우선 자세한 구조는 모르더라도 그 한자의 전체적 이미지로 한자
의 의미를 파악하는 식의 이해 우선의 한자학습을 도입하여, 한자의 형태
와 의미를 문맥 안에서 본다고 하는 경험을 충분히 축적한 후 쓰기로 들
어간다. 일반적으로 일본의 아동들은 취학기에 (최근에는 취학 전부터) 문
자의 읽기와 쓰기를 동시에 시작한다. 일본어교육에서도 그러한 경험을
거친 일본인 일본어교사에 의해, 한자교육은 읽기와 쓰기를 동시에 시작
하고 병행해 가는 방식이 채용되기도 한다. 이에 비해 여기에서 생각하는
빠른 시기의 한자 도입에 있어서는, 각 한자를 문맥 안에서 충분히 보고
그 형태에 접하는 기회를 확보하여 다양한 타입의 한자 형태-갓머리冠와
그 아래 부분이 조합된 한자, 변偏이나 방旁으로 조합된 한자, 터진입구몸
匚이나 큰입구몸囗 등-, 그리고 다양한 부수의 한자에 충분히 접해 어떤
타입이 있는지 알고 한자의 형태에 관한 스키마를 충분히 육성한 후 이를
활용해 쓰기학습을 진행한다.


## 2) 한자학습을 [파트너 찾기]에 통합한 학습디자인

위와 같은 디자인에 의거하여, 한자학습을 구체적으로 [파트너 찾기]
활동에 통합해서 행하는 방법을 생각해보자.

파트너 찾기는 [자신과 같은 그림을 가진 사람을 찾는 것을 목표로 카
드에 유사한 그림을 그려 동일한 그림을 가진 사람을 찾는 것이었다. 읽
기를 도입할 때에는 우선 유사한 방을 그린 그림 카드 몇 장을 한 세트 준

비한다. 그리고 각 그림의 내용을 설명한 짧은 몇 문장을 쓴 문자 카드도 한 세트 준비한다. 활동 참가자 중 한쪽은 그림 카드 중에서 한 장을 고르고, 다른 학습자는 문자 카드 중에서 한 장을 고른다. 각자 자신이 고른 카드를 보면서 그 내용이 상대와 같은지를 확인하기 위한 상호작용을 한다. 이때 문자 카드를 가지고 있는 사람은 당연히 거기에 적힌 문자정보를 읽음으로써 정보를 얻고 이에 근거해 상대와의 상호작용을 하게 된다.

문자 카드를 준비할 때 처음에는 히라가나만으로 된 것에서 출발하여 서서히 익숙해지면 한자가 포함된 문장을 이용하도록 바꾸어 간다. 첫 활동 시간에는 히라가나만, 다음 활동 시간에는 일부를 한자로 바꾼 것, 그 다음 시간에는 좀 더 늘리는 식으로 하여 차차 한자를 늘려간다. 또한 한자 도입 시 처음에는 후리가나를 크게 단 것, 그 다음에는 후리가나의 크기를 작게 한 것, 마지막에는 후리가나가 없는 식으로 조금씩 어렵게 해 나간다.

이상이 [파트너 찾기]에 한자학습을 통합한 예이다. 이러한 형태의 한자학습 도입은 그 밖의 다양한 말하기·듣기 활동에서도 가능하다. 짝 맞추기 타입의 여러 활동은 동일한 방식으로 행할 수 있다. 가령 지도와 문자 카드, 세계지도 안에 각지의 표준시각이 들어있는 그림과 문자 카드, 학교의 시간표와 문자 카드, 엔·달러의 환율표와 문자 카드 등이 있다. 그리고 그림이나 표의 내용을 조항별로 쓴 문자 카드와 그림 카드, 혹은 조항별로 한 문자 카드와 문장 형식으로 쓴 카드의 조합, 나아가 같은 내용을 문장의 순서만 바꿔 만든 문자 카드의 조합과 같은 형식도 있다. 중·상급 수준에서는 신문에서 발췌한 짧은 한 문장을 복사하여 두 장 준비하고, 각각에 공백 부분을 몇 군데 만들어 그 공백 부분을 서로 상대와의 정보 상호작용으로 채워가는 타입이 있다.

참고문헌

|교과서·교재|

C & P 日本語教育·教材研究会編 (1989)『絵入り日本語作文入門』専門教育
　出版

Mizutani, O. & Mizutani. N. (1977) *An Introduction to Modern Japanese.* The
　Japan Times.

日本語教育研究会資料シリーズ編集委員会 (1988)『プロジェクトワーク』
　凡人社

日本語教育研究会資料シリーズ編集委員会 (1988)『ロールプレイとシミュ
　レーション』凡人社

Nunan, D. (1994) *ATLAS 1 & 2. Learning-Centered Communication.* Heinle &
　Heinle.

産能短期大学日本語教育研究会編 (1991)『日本語を楽しく読む本·中級』産
　能短期大学 国際交流センター

田中望 (1989)『NHK日本語講座初級コース ステップ1』日本放送協会

Williams, P. et al. (1993)『もしもし』Curriculum Corporation.


|논문|

서장 일본어교육에서의 학습분석과 디자인

宮崎里司·J. V. ネウストプニー 編著 (1999)『日本語教育と日本語学習 学習
　ストラテジー論に向けて』くろしお出版

岡崎眸 (2000a)「内省モデルに基づく日本語教育実習－実習生に何が提供で
　きるか－」『言語文化と日本語教育』お茶の水女子大学日本言語文化学
　研究会 pp. 1-12.

─────(2000b)「多言語·多文化を切り開く日本語教員養成」『1999年度日
　本語教育実習を振り返る』お茶の水女子大学人間文化研究科日本語教育
　コース pp. 114-125.

岡崎敏雄 (1991)「日本語学習者のストラテジーの記述的研究: 学習のデザイ

ンとストラテジーの記述的研究」『広島大学教育学部紀要』第2部38号 pp. 217-225.

_______ (2000) Japanese Language Education: Toward Multilingual and Multicultural Symbiosis. In V. Mackie, A. Skoutarides, & A. Tokita, (eds.) *New Directions in Japanese Linguistic.* Monash Asia Institute. pp. 11-23.

岡崎敏雄・岡崎眸 (1997)『日本語教育の実習: 理論と実践』アルク

## 제1장 제2언어 습득 연구와 언어교육

Canale, M. & Swain, M. (1980) Theoretical Bases of Communicative Approaches to Second Language Teaching and Testing. *Applied Linguistics* 1(1), pp. 1-47.

Chaudron, C. (1988) *Second Language Classrooms.* Cambridge University Press.

Cummins, J. (1978) Bilingualism and the development of metalinguistic awareness. *Journal of Cross-Cultural Psychology 9*, pp. 131-149.

_______ (1996) *Negotiating Identities: Education for Empowerment in a Diverse Society.* California Association for Bilingual Education.

Cummins, J. & Nakajima, K. (1985)「トロント補習校小学生の二言語の構造」『バイリンガル・バイカルチュラル教育の現状と展望』東京学芸大学海外子女教育センター pp. 143-179.

Cummins, J. & Sayers, D. (1995) *Brave new schools: Challenging cultural illiteracy through global learning networks.* New York: St. Martin's Press.

Cummins, J. & Swain, M. (1986) *Bilingualism in Education.* Cambridge University Press.

Day, R. (ed.) (1986) *Talking to Learn.* Newbury House.

Dubin, F. & Olshtain, E. (1986) *Course Design.* Cambridge University Press.

Ellis, R. (1985) *Understanding Second Language Acquisition.* Oxford University Press.

_______ (1994) *The Study of Second Language Acquisition.* Oxford University Press.

Ellis, R. & Xien, H. (1999) The roles of modified input and output in the incidental acquisition of word meanings. *Studies in Second Language Acquisition* 21(2), pp. 285-302.

Gass, S. M. & Madden, C. G. (eds.) (1985) *Input in Second Language Acquisition.* Newbury House.

Gass, S. M. & Selinker, L. (1994) *Second Language Acquisition: an Introductory Course.* Hillsdale, NJ: Erlbaum.

小林晴美 (1997)「第 1 章 言語獲得理論の動き」小林晴美・佐々木正人(編)『子どもたちの言語習得』大修館書店 pp. 3-40.

Krashen, S. (1981) *Second Language Acquisition and Second Language Learning.* Pergamon Press.

―――― (1982) *Principles and Practice in Second Language Acquisition.* Pergamon Press.

―――― (1985) *The Input Hypothesis: Issues and Implications.* Longman.

―――― (1994) The Pleasure Hypothesis. In J. E. Alatis (ed.) *Georgetown University Round Table on Languages and Linguistics.* pp. 299-322.

Krashen, S. & Terrell, T. D. (1983) *The Natural Approach.* Pergamon Press.

Larsen-Freeman, D. & Long, M. (1991) *An Introduction to Second Language Acquisition Research.* Longman.

Landry, R. & Allard, R. (1992) Ethnolinguistic vitality and the bilingual development of minority and majority group students. In W. Fase, K. Jaspaert, & S. Kroon (eds.) *Maintenance and Loss of Minority Language.* John Benjamins Publishing Company. pp.223-251.

Long, M. (1985) Input and second language acquisition theory. In S. M. Gass, & C. G. Madden (eds.) *Input in Second Language Acquisition.* pp. 377-393.

―――― (1991) Focus on form: A design feature in language teaching methdology. In K. de Bot, R. Ginsberg, & C. Kramsch (eds.) *Foreign language research in cross-cultural perspective.* John Benjamins Publishing Company. pp. 39-52.

―――― (1996) The role of linguistic environment in second language acquisition. In W. C. Ritchie, & T. Bhatia (eds.) *Handbook of language Acquisition: Vol.2 Second Language Acquisition.* New York: Academic Press. pp. 413-468.

Long, M. & Crookes, G. (1992) Three Approaches to Task-Based Syllabus Design. *TESOL QUARLERLY* 26(1), pp. 27-56.

Loschky, L. (1994) Comprehensible input and second language acquisition: What is the relationship? *Studies in Second Language Acquisition* 16(3), pp. 303-323.

Mackey, A. (1999) Input, interaction and language development: an emperical study of question formation in ESL. *Studies in Second Language Acquisition* 21(4), pp. 557-588.

牧野高吉 訳 (1988)『第二言語習得の基礎』ニューカレントインターナショナル（R. Ellis (1985) *Understanding Second Language Acquisition.* New Currents International Co. Ltd.）

McLaughlin, B. (1987) *Theories of second language acquisition.* Edward Arnold.

中島和子 (1998)『バイリンガル教育の方法』アルク

中条和光・岡崎眸・岡崎敏雄 (1992)「単語の記憶に及ぼすコミュウニカティブ活動の効果」『教育心理学研究』40(3), pp. 323-330.

Norton, B. (2000) *Identity and Language Learning.* Longman.

岡崎敏雄 (1995)「年少者言語教育研究の再構成－年少者日本語教育の観点から－」『日本語教育』86, pp. 1-12.

大島陽子 (2001)「学習者のアウトプットに結びつく意味交渉のプロセス－教室でのインターアクションから－」お茶の水女子大学大学院修士論文

Pica, T. (1987) Second language acquisition, social interaction, and the classroom. *Applied Linguistics* 8, pp. 3-21.

_______ (1994a) The language educator at work in the learner-centered classroom: communicate, decision-make, and remember to apply the (educational) linguistic. In J. Alatis (ed.) *Georgetown University Round Table on Languages and Linguistics.*

_______ (1994b) Research on negotiation: What does it reveal about second language acquisition? *Language Learning* 49(4), pp. 583-625.

_______ (1996) Do second language learners need negotiation? *IRAL.* Vol. xxxIV/1, pp. 1-21.

Pica, T. & Falodun, J. (1993) Choosing and using communication tasks for second language research and instruction. In S. Gass and G. Crookes (eds.) *Tasks and Language Learning: Integrating Theory and Practice.* London: Multilingual

Matters. pp. 9-34.

Pica, T., Holliday, L., Lewis, N., Berducci, D. & Newman, J. (1991) Language learning through interaction. *Studies in Second Language Acquisition* 13(3), pp. 343-376.

Ritchie, W. C. & Bhatia, T. (eds.) (1996) *Handbook of Language Acquisition: vol.2 Studies in Second Language Acquisition.* New York: Academic Press. pp. 413-468.

関裕子 (2001)『中国語を母語とする年少者の日本語能力と母語の発達』筑波大学地域研究研究科修士論文

Snow, C. E. (1994) Beginning from Baby Talk. In C. Gallaway, & J. Richards (eds.) *Input and Interaction in Language Acquisition.* Cambridge University Press. pp. 3-12.

Swain, M. (1985) Communicative competence. In S. M. Gass, & C. G. Madden (eds.) *Input in Second Language Acquisition.* Newbury House. pp. 235-253.

―――― (1995) Three functions of output in second language learning. In G. Cook, & B. Seldhofer (eds.) *For H. G. Widdowson: Principles and Practice in the Study of Language.* Oxford University Press. pp. 125-144.

Tomasello, M. (1995) Language is not an instinct. *Cognitive Development* 10, pp. 131-156.

White, G. (1998) Against comprehensible input. *Applied Linguistics* 9, pp. 89-110.

Williams, J. (1999) Learner-Centered Attention to Form. *Language Learning* 49(4), pp. 583-625.

吉岡薫 (1999)「第2言語としての日本語習得研究－現状と課題－」『日本語教育』100, pp. 19-32.

제2장 이해(읽기·듣기) 과정

Bernhardt, E. B. (1991) *Reading Development in a Second Language.* Ablex Publishing Corporation.

Bygate, M. (1998) Theoretical perspectives on speaking. *Annual Review of Applied Linguistics* 18, pp. 20-42.

Carrell, P. L. (1988) Interactive text processing. In P. L. Carrell, J. Devine, & D. E. Eskey (eds.) *Interactive Approaches to Second Language Reading*. Cambridge University Press. pp. 239-259.

Carrell, P. L., Devine, J., & Eskey, D. E. (eds.) (1988) *Interactive Approaches to Second Language Reading*. Cambridge University Press.

Carrell, P. L. & Eisterhold, J. C. (1988) Schema theory and ESL reading pedagogy. In P. L. Carrell, J. Devine, & D. E. Eskey (eds.) *Interactive Approaches to Second Language Reading*. Cambridge University Press. pp. 73-100.

Cumming, A. (ed.) (1994) *Bilingual Performance on Reading and Writing*. John Benjamins Publishing Company.

Eskey, D. E., & Grabe, W. (1988) Interactive models for second language reading. In P. L. Carrell, J. Devine, & D. E. Eskey (eds.) *Interactive Approaches to Second Language Reading*. Cambridge University Press. pp. 223-238.

Flowerdew, J. (1994) *Academic Listening*. Cambridge University Press.

Goodman, K. (1976) Reading: a psycholinguistic guessing game. *Journal of the Reading Specialist* 6(1), pp. 126-135.

________ (1981) Letter to the editor. *Reading Research Quarterly* 16(3), pp. 477-478.

Grabe, W. (1988) Reassessing the term "interactive". In P. L. Carrell, J. Devine, & D. E. Eskey (eds.) *Interactive Approaches to Second Language Reading*. Cambridge University Press. pp. 56-72.

Grellet, F. (1981) *Developing Reading Skills*. Cambridge University Press.

Hatch, E. (1992) *Discourse and Language Education*. Cambridge University Press.

金谷雲 編著 (1995)『英語リーディング論』河源社

菊地民子 (1997)「日本語の読解におけるテキスト構造の影響と読解前指導の効果」『日本語教育』95, pp. 25-36.

小出慶一 (1991)「読解能力の操作的規定と読解テスト・シラバスの骨格について」『産能短期大学紀要』24, pp. 181-193.

宮崎里司・J. V. ネウストプニー 編著 (1999)『日本語教育と日本語学習 学習ストラテジー論に向けて』くろしお出版

岡崎眸 (1994)「内容重視の日本語教育－大学読解教室の場合－」『東京外

国語大学外国語学部論集』49, pp. 227-243.

_______ (1996)「読み方の指導－ボトムアップ的読みから相互交流的読みへ－」『お茶の水女子大学人文科学紀要』49, pp. 205-218.

岡崎敏雄・中条和光 (1989)「文章理解過程における研究に基づく読解指導」『留学生日本語教育に関する理論的・実践的研究』pp. 63-72.

Oxford, R. (1989) *Language Learning Strategies.* Newbury House Publishers.

Stanovich, K. E. (1980) Toward an interactive-compensatory model of individual differences in the development of reading fluency. *Reading Research Quarterly* 16(1), pp. 32-71.

Street, B. (ed.) (1993) *Cross-cultural Approaches to Literacy.* Cambridge University Press.

高橋庸雄・高橋正夫 (1987)『英語リーディング指導の基礎』研究社出版

谷口すみ子 (1991)「思考過程を出し合う読解授業: 学習ストラテジーの観察」『日本語教育』75, pp. 37-50.

天満美智子 (1989)『英文読解のストラテジー』大修館書店

天満美智子 共編著 (1992)『学習者中心の英文読解指導』大修館書店

鶴町佳子 (2001)『日本語学習者の日本語専門文献の読解におけるストラテジの認識とその使用－読解力レベルの違いと母語による違いを中心に」筑波大学地域研究研究科修士論文

鶴見千鶴子 (1998)「日本語の読解における音読の影響－韓国語母語話者の場合－」『日本語教育』98, pp. 85-96.

山田みな子 (1995)「読解過程に見られる既有知識の影響と文法能力の関係について」『日本語教育』86, pp. 26-38.

渡辺由美 (1998)「物語文の読解過程」『日本語教育』97, pp. 25-36.

## 제3장 산출(말하기·쓰기) 과정

Brown, G. & Yule, G. (1983) *Teaching Spoken Language.* Cambridge University Press.

Bygate, M. (1988) Units of interaction and acquisition in small group work. *Applied Linguistics* 9, pp. 59-82.

_______ (1998) Theoretical perspectives on speaking. *Annual Review of Applied Linguistics* 18, pp. 20-42.

Canale, M. & Swain, M. (1980) Theoretical bases of communicative approaches to second language teaching and testing. *Applied Linguistics* 1, pp. 1-47.

Carson, J. G. & Nelson, L. (1996) Chinese student's perception of ESL peer response group interaction. *Journal of Second Language Writing* 5, pp. 1-19.

Cumming, A. (1994) Writer Experts and Second Language Proficiency. In A. Cumming (ed.) *Bilingual Performance on Reading and Writing*. John Benjamins Publishing Company.

Cumming, A. (ed.) (1994) *Bilingual Performance on Reading and Writing*. John Benjamins Publishing Company.

Grabe, W. & Kaplan, R. (1996) *Theory and Practice of Writing: An Applied Linguistic Perspective*. Longman.

池田玲子 (1999)「ピアレスポンスが可能にすること：中級日本語学習者の場合」『世界の日本語教育』9, pp. 29-43.

石橋玲子 (1997)「第1言語使用が第2言語の作文に及ぼす影響－全体的誤用の観点から－」『日本語教育』95, pp. 1-12.

Kobayashi, H. & Rinnert, C. (1994) Effects of First Language on Second Language Writing: Translation versus Direct Composition. In A. Cumming (ed.) *Bilingual Performance on Reading and Writing*. John Benjamins Publishing Company.

Krapels, A. R. (1990) An overview of second language writing process research. In B. Kroll (ed.) *Second language writing: Research insights for the classroom*. Cambridge, England: Cambridge University Press. pp. 37-56.

Krashen, S. D. (1984) *Writing*. Pergamon.

Kroll, B. (1990) *Second Language Writing*. Cambridge University Press.

Levelt, W. J. M. (1989) *Speaking: From Intention to Articulation*. Cambridge University Press.

McLaughlin, B. (1987) *Theories of Second Language Learning*. Edward Arnold.

水谷信子 (1980)「外国語の習得とコミュニケーション」『言語生活』8, pp. 28-36.

長谷川あずさ (2001)「中国語・韓国語を母語とする上級日本語学習者の作文

研究」筑波大学地域研究研究科修士論文

岡崎敏雄 (1996)「日本人と外国人が学ぶ日本語・日本文化教育」『多言語・多文化の下で日本人と外国人が学ぶ日本語・日本文化教育』筑波大学日本語・日本文化学類 pp. 1-28.

______ (1997)「日本語・母語相互育成教育のねらい」『母国語による学習のための教材－ポルトガル語、スペイン語、韓国語、英語編－』茨城県教育庁 pp. 1-7.

岡崎敏雄・岡崎眸 (1990)『日本語教育におけるコミュニカティブ・アプローチ』凡人社

Pennington, M. (1996) *The Computer and the Non-native Writer: A Natural Partnership.* Hampton Press.

Raimes, A. (1994) Language Proficiency, writing ability, and composing strategies: a study of ESL college student writers. In A. Cumming (ed.) *Bilingual Performance on Reading and Writing.* John Benjamins Publishing Company.

Selinker, L. & Douglas, D. (1985) Wrestling with 'context' in interlanguage theory. *Applied Linguistics* 6, pp. 190-204.

Silva, T. (1985) Communicative competence. In S. M. Gass, & C. G. Madden (eds.) *Input in Second Language Acquisition.* Newbury House. pp. 235-253.

______ (1991) Second language composition instruction: developments, issues, and directions in ESL. In B. Kroll (ed.) *Second Language Writing.* Cambridge University Press.

Skehan, P. (1996) A framework for the implementation of task-based instruction. *Applied linguistics* 17, pp. 38-62.

Swain, M. & Lapkin, S. (1995) Problems in output and the cognitive processes they generate: a step towards learning: *Applied Linguistics* 16, pp. 371-391.

Wallerstein, N. (1983) *Language and Culture in Conflict.* Addison-Wesley.

Zuengler, J. & Bent, B. (1991) Relative knowledge of content domain: An influence on native-non-native conversation. *Applied Linguistics* 12, pp. 397-415.

生駒知子·志村明彦 (1993)「英語から日本語へのプラグマティックストランス
　　ファー:「断り」という発話行為について」『日本語教育』77, pp. 41-52.
岡崎眸 (1995)「日本語学習者の語用論上の転移再考」『東京外国語大学論
　　集』50, pp. 97-109.
岡崎敏雄 (1996)「日本人と外国人が学ぶ日本語·日本文化教育」『多言語·多
　　文化の下で日本人と外国人が学ぶ日本語·日本文化教育』筑波大学日本
　　語·日本文化学類 pp. 1-28.

ㅂ

ㅅ

ㅇ

## 저 자

### 오카자키 히토미(岡崎眸)

**현직**_오차노미즈여자대학대학원 인간문화창성과학연구과 교수
**약력**_미시건대학 언어학과 대학원 Ph. D
**전공**_일본어교육학 및 언어습득·유지 연구


### 오카자키 도시오(岡崎敏雄)

**현직**_츠쿠바대학 인문·문화학군 일본어·일본문화학류 교수
**약력**_미시건대학 언어학과 대학원 Ph. D
**전공**_일본어 담화 분석, 일본어교육학 및 언어습득·유지 연구


### 이케다 레이코(池田玲子)

(제3장 2.쓰기 [중·상급자를 대상으로 한 작문지도 방법] 집필)
**현직**_동경해양대학 해양과학부 해양정책문화학과 교수
**약력**_오차노미즈여자대학 인간문화연구과 비교문화학 박사
**전공**_일본어교육학 특히 작문지도법


## 역 자

### 김지선(金志宣)

**현직**_이화여자대학교 인문과학부 강사
**약력**_오차노미즈여자대학 인간문화연구과 비교문화학 박사
**전공**_일본어교육학, 대화 분석

# 일본어교사를 위한 학습분석과 디자인
### -언어습득 과정의 시점에서 본 일본어교육-

초판 1쇄 발행일 | 2009년 6월 18일

**지은이** 오카자키 히토미·오카자키 도시오·이케다 레이코
**옮긴이** 김지선
**펴낸이** 박영희
**편집** 이선희
**표지** 강지영
**교정·교열** 이은혜
**책임편집** 강지영
**펴낸곳** 도서출판 어문학사
　　　　132-891 서울특별시 도봉구 쌍문동 525-13
　　　　전화: 02-998-0094 / 팩스: 02-998-2268
　　　　홈페이지: www.amhbook.com
　　　　e-mail: am@amhbook.com
　　　　등록: 2004년 4월 6일 제7-276호

ISBN  978-89-6184-063-7  13730

정가  15,000원

※ 잘못 만들어진 책은 교환해 드립니다.